前言

PREFACE

2013 年 1 月 24 日，国务院办公厅印发了《促进民航业发展重点工作分工方案》，延续了 2012 年 7 月发布的《国务院关于促进民航业发展的若干意见》政策，对意见的各项目标和任务进行了细化及分解。

《国务院关于促进民航业发展的若干意见》是我国第一部全面指导民航业发展的纲领性文件，明确了促进民航业发展的总体要求、主要任务和政策措施。在发展目标中明确提出，到 2020 年“航空运输规模不断扩大，年运输总周转量达到 1700 亿吨公里，年均增长 12.2%，全国人均乘机次数达到 0.5 次；航空运输服务质量稳步提高，安全水平稳居世界前列，运输航空百万小时重大事故率不超过 0.15，航班正常率提高到 80%以上；通用航空实现规模化发展，飞行总量达 200 万小时，年均增长 19%；经济社会效益更加显著，航空服务覆盖全国 89%的人口”。民航业的高速发展，使民航专业人才的需求呈现上升趋势，中国民航迎来了前所未有的机遇和挑战。

为了贯彻“以就业为导向、以服务为宗旨”的职业教育办学方针，适应职业院校人才培养和素质教育的需要，本书遵循实用、够用的原则，以行动为导向，从工作需要出发，构建教材内容，内容广泛而不松散，力图以解决民航服务工作中的实际问题为中心，形成民航服务心理学应用性的工作过程系统化结构，而不是学科性的层级知识结构。

本书由重庆城市管理职业学院旅游学院航空专业教师、国家二级心理咨询师段娟和旅游学院心理学硕士牟波担任主编，由重庆城市管理职业学院心理专业教师、国家一级心理咨询师张夔，重庆城市管理职业学院设计专业教师张瀚、郑宏飞担任副主编，重庆城市管理职业学院旅游学院航空专业讲师、原中国国际航空公司乘务长刘静，西南大学教育学部课程与教学论硕士王均霞，重庆城市管理职业学院校企合作处科长赵虹玉也参与了编写。具体编写分工如下：第一章由牟波、张夔编写，第二章由段娟、张瀚、王均霞编写，第三章由段娟、郑宏飞、王均霞编写，第四章由刘静、赵虹玉编写，第五章由张瀚、郑宏飞编写，第六章由牟波、张夔编写。

在编写本书的过程中，编者得到了各兄弟院校的专家、同行及相关领导的指导和帮助，在此致以衷心的感谢。同时，编者参考了大量书籍和期刊资料，谨向有关作者致以诚挚的谢意。

由于时间仓促、编者水平有限，书中难免存在疏漏之处，恳请广大读者给予批评与指正。

编　者

2017 年 12 月

目录

CONTENTS

第一章　民航服务心理学基本知识

学习目标

1. 掌握民航服务心理学的概念。
2. 理解并能应用民航服务心理。

学习内容

1. 民航服务。
2. 心理学。
3. 民航服务心理学。

素质要求

1. 知识：以民航服务的案例解释其定义。
2. 能力：知识的应用能力，表达有逻辑性，事物的观察能力。
3. 素养：亲和，细心。

测评方式

演讲。

第一节　民 航 服 务

一、服务概述

服务业在国民经济中扮演着不可或缺的角色。对于服务的系统研究可追溯到20世纪五六十年代，但是关于服务的定义，学术界尚没有形成统一的定论。

美国市场营销学会（American Marketing Association，AMA）在1960年第一次对服务进

行相关定义，认为服务是与销售的产品及活动相联系的消费者获得利益或满足感的活动[①]。学者里根（Regan）在1963年对服务的定义中，认为服务是一种不可感知的活动，这种活动可以直接由租房或交通等活动提供，也可与有形商品及服务共同存在[②]。著名营销学者洛夫洛克（Lovelock）在1983年对服务概念进行界定，认为服务并不是一种实实在在的物品，而是一种过程或一种表演[③]。

芬兰服务营销学者格鲁诺斯（Gronroos）在1990年从另一个角度对服务进行了定义，认为服务具有无形性，是一种没有实际形态特征的活动，同时服务一般与企业为顾客提供有形的资源、产品或系统的过程并存，促进服务活动更加便捷地解决顾客产生的相关问题[④]。

进入21世纪，学者对于服务的理解日益趋向科学和全面。我国学者叶万春在2001年对服务的概念进行了界定，认为服务是为消费者提供的某种利益价值或产生满足感的一系列活动，同时服务具有无形的特征，但是服务是可以将其有偿转让或交易的[⑤]。陈祝平等学者在2001年从不同角度提出了服务的概念，认为服务的本质是用来交易的，具有无形性和不发生所有权转移的特征[⑥]。克里斯托弗·洛夫洛克在其《服务管理》一书中以交易转化的视角将服务定义为一种由一方向另一方提供的经济活动，服务的过程中所有权基本不跟随转换，通过租借其他劳动力、专业装备或专业技能等产生价值[⑦]。小查尔斯·W.兰姆在《服务营销》一书中，提出服务是具有结果导向的，需要通过对人或对物付出人力、技术而得到[⑧]。

综合上述学者对服务的定义，我们可以发现，虽然不同学者对服务的定义有所区别，但是就服务的本质而言，学者都认为服务是由一系列以满足消费者的需要为目的的活动过程。

服务能够最终从商品中分离出来，是由于相对于实体产品的有形性、标准化、生产与消费相分离性和可储存性，服务有着很多自身独有的特性。其具体特性有以下几个方面。

1. 无形性

无形性是服务的基本特征。因为服务本质上是一种绩效或行动，而非实物，不像有形产

---

① 李晓．服务营销[M]．武汉：武汉大学出版社，2004．

② REGAN W J. *The service revolution*[J]. The journal of marketing, 1963(27): 57-62.

③ LOVELOCK C H. *Classifying services to gain strategic marketing insights*[J]. The journal of marketing, 1983, 47(3): 9-20.

④ GRONROOS C. *Relationship approach to marketing in service context: the marketing and organizational behavior interface*[J].Journal of business research, 1990, 20(1): 3-11.

⑤ 叶万春．服务营销学[M]．北京：高等教育出版社，2001．

⑥ 陈祝平．服务市场营销[M]．大连：东北财经大学出版社，2001．

⑦ 克里斯托弗·洛夫洛克．服务营销[M]．6版．谢晓燕，赵伟韬，译．北京：中国人民大学出版社，2010．

⑧ 小查尔斯·W. 兰姆．服务营销[M]．时启亮，译．北京：人民出版社，2010．

品那样被看到或触摸到。顾客在购买服务之前是很难感知和判断服务的质量及效用的，服务的中心内容是向顾客提供效用，而不是转移所有权。

2. 易逝性

易逝性即不可储存性。服务不能建立库存储存下来以备将来使用。服务是一个过程，当服务组织为顾客提供的服务完成之后，服务就会立即消失。因此，服务如果不能被及时消费，那么就会造成损失和浪费。例如，对于民航公司而言，当航班起飞后，剩余空座的潜在收入就会永远失去，这些空余座位不能被储存起来放到以后来销售，对航空公司而言就是很大的损失。

3. 不可分性

不可分性是指服务生产与消费的同步性。顾客对服务的消费是在其生产过程中进行的。当服务人员提供服务时，也正是顾客消费服务时，在时间上是不可分离的，而且顾客必须加入服务的生产过程中才能最终消费到完整服务。顾客进入服务系统，服务就开始；顾客离开服务系统，服务就结束。

4. 异质性

异质性主要是由服务和顾客之间的相互作用，以及伴随这一过程的所有变化因素所导致的，这意味着服务质量和顾客满意度将在很大程度上依赖于服务人员的行为、服务人员和顾客之间的相互作用。服务因时间、地点、组织和人员的不同而具有异质性，并且影响服务产品质量的不可控因素也有很多，如在民航业中，天气、空域管制等因素都会直接影响航空服务质量，确保一致的服务质量是一个重要问题[①]。

二、民航服务概述

一项服务就是顾客的服务经历，即顾客从进入服务系统到离开该系统的全过程。在此基础上，民航服务可定义为旅客从购买机票开始到办理乘机手续，再到候机、登机、乘机直至旅客完成空中旅行离开飞机而实现空间位移愿望的经历总和[②]。民航服务是一种派生需求，旅客消费它是为了满足他的个人或工作需要，实现了社会经济活动中个体或者群体的运输需求，具有可以感知的客观事实行为过程和效果[③]。它可以被看作一系列的活动，包括核心服

① 王荣辉．基于SERVQUAL方法的航空服务质量评价研究[D]．大连：大连理工大学，2013．
② 吴晖．民用航空客运服务产品评价[J]．现代商贸工业，2008，20（4）：38-39．
③ 夏洪山，等．现代航空运输管理[M]．北京：科学出版社，2012．

务，即旅客所购买的最基本的服务，以及一组被用于强化核心服务的附加服务。

核心服务是航空公司为旅客提供的基本的、本质的服务，代表了旅客的核心利益，并成为旅客期望和旅客行为的主要动因，因此决定了其他服务要素。航空客运服务的核心产品是通过提供航班运营实现旅客安全的空间位移，以满足旅客的出行需求。对各个民航公司而言，这种核心服务是基本的、无差异的，大多数公司提供具有同样复杂性和质量水平的核心服务，差异化只有通过附加服务或其他的营销工具才能实现。

在核心服务之外，服务提供商还必须提供辅助服务来补充核心服务，因此把这些服务称为附加服务①。在民航服务中，民航公司在提供飞行服务这一核心服务之外还要提供售票服务、行李托运、地面与机上服务等必要的辅助性服务。同时，民航公司为了实现服务的差异性，提高自身竞争能力，还开发设计出很多延伸性的额外服务，如网上购票、网上领登机牌、选座、免费行李限制、免费市区接送等服务，由此体现其产品特殊性和优越性。

依据“顾客导向”的理念，民航服务应该是在旅行中，旅客在与民航公司接触的全过程中的感受。因此，民航公司的服务产品是一种体验，而不是一张机票，只有基于这样的认识，民航公司才能开发出有效满足顾客需求的服务产品，不断提升自身的服务水平。

第二节　心　理　学

一、心理学的概念

对于很多人来讲，心理学既熟悉又陌生。熟悉是因为心理活动与每个人息息相关，每时每刻内心都存在许多心理活动。因此，就是不学习心理学，我们也知道自己的所思所想、情绪感受、思维记忆等，这些是我们司空见惯的心理活动。然而，心理学又是陌生的。因为心理活动虽然时时刻刻在发生着，但是对于它是如何发生的、如何进行的、为什么会产生等许多问题，很多人知之甚少。还有，为什么我们能看见颜色？为什么不同颜色带给我们的感受是有差异的？为什么我们听得出音乐旋律与节奏？为什么有些事情我们仍记忆犹新，而有些事情则很快就忘记了？为什么我们会学习？为什么我们会有各种情绪？为什么有的人脾气暴躁，而有的人性情温和？这些问题其实都涉及人的心理活动。而对于这些心理活动规律的了解，正是心理学研究的目标。随着社会不断进步，科技不断发展，人类对于了解自身心理活动的能力也在不断增强，这是心理学最终得以产生的重要原因。

---

① 曼弗雷德·布鲁恩，多米尼克·乔治. 服务营销：服务价值链的卓越管理[M]. 王永贵，译. 北京：化学工业出版社，2009.

大多数心理学家认为心理学是一门研究心理现象的学科。这个定义非常简单，体现了心理学的特点。

（一）心理学是一门学科

心理学是一门学科。德国心理学家艾宾浩斯曾经说过："心理学有一段长长的过去，但只有一段短短的历史。"长长的过去指的是从古至今，人类一直对心理活动的研究非常感兴趣。但是在现代心理学诞生以前，人们主要是通过哲学、医学、艺术领域来探索人类心理世界。例如，"人性本善"还是"人性本恶"，"欲望""意识""情感"等类似的话题，大多主要集中在哲学和艺术领域。而到 1879 年，德国心理学家冯特在莱比锡大学建立了第一个心理学实验室，这才标志着现代心理学的诞生。

心理学非常强调科学态度与方法的重要性，也非常强调基于科学证据来提出解释或解答，这一要求明显有别于常识。心理学的独特之处在于人人都能就心理现象谈论一番，从某种程度上说，人人都是心理学家。因为每个人都在观察别人和自己，每个人都在思考、回忆、感受自己或者别人的情绪，每个人都会试着去解释别人或者自己的行为，但这些解释往往只是基于个人的生活经验或者一般印象而得到的结论，也就是常识。由于一个人的生活经验太过片面，因此常识往往是不可靠的，结论大多也是不科学的。因为科学的心理学结论是通过符合科学要求的方式来获得的，所以常常会出现的一种情况是科学的心理学的结论与常识是不相符的，甚至可能是相冲突的。所以，心理学的科学性就意味着每一条结论都需要有相应的科学证据作为支撑。

（二）心理学是研究心理现象的学科

心理学是研究心理现象的学科，所以心理学的研究和探索的对象是人的心理现象。那么心理现象具体包括哪些内容？为了便于了解心理现象，我们可以粗略地将心理现象分为以下几类。

1. 个体认知心理活动

认知心理活动是人们对认知对象进行信息加工的过程，是人的最基本的心理活动。例如，旅客向民航服务人员询问航班信息。这一看似简单的过程其实涉及一系列人的心理认知活动，包括感觉、知觉、记忆、想象、思维、语言等。

旅客对航空公司的了解通过感觉和知觉开始。感觉是对事物个别属性的认识，如对外部世界光线、颜色、声音、气味的识别与认识等。知觉则是对事物综合属性的整体把握，如对航空公司标示图案的识别、倾听民航服务人员的解答等。这时外部世界的信息就不再像一盘散沙一样毫无头绪，而是被我们组织成了某种有意义的信息。因此，感觉是人类心理活动的基础，而知觉建立在感觉的基础之上。

旅客享受了航空公司的服务之后，是不会立刻忘记这种经验的，它会保留在旅客的脑海里，并且在他们需要的时候能回忆出来。例如，当旅客准备购买机票，在手机屏幕上看到特定航空公司信息时，便会回忆起以前乘坐飞机时，乘务员温馨体贴的服务，机长操纵飞机平稳的降落等。这极有可能会影响到他的消费选择。

此外，人类还会通过思维活动来对客观世界进行进一步的加工，认识客观世界的表象与关系，概括地认识事物、揭露事物的本质与内在联系的规律。通过思维加工进行推理和决策，解决各种问题。例如，选择哪一家航空公司？乘坐哪一次航班？选择经济舱还是头等舱？坐在靠窗位置还是靠近过道的位置？选择鸡肉套餐还是牛肉套餐？选择咖啡还是果汁？

除了思维之外，人们还会通过语言进行交流。语言交流是航空服务的基础。没有有效的语言交流，就没有有效的服务。

2. 个体情绪和动机

情绪是一种主观体验。在日常生活之中，我们随时随地都会产生不同的情绪：高兴、悲伤、愤怒、羞耻、厌恶等。情绪可以影响人的心理活动，积极的情绪可能会让人精神焕发，思维敏捷；消极的情绪则可能让人郁闷消沉，缺乏创造性。人与人之间的交流互动中，除了思想能够相互影响之外，情绪也可以相互影响。民航服务人员的一次微笑就有可能给旅客带来开心的感受，一个白眼有可能让旅客愤怒不满甚至导致投诉。同样，反过来也是成立的。不仅如此，情绪还可能影响人的身体健康与工作效率。长期处于高强度紧张环境的民航服务人员，很容易会因此出现心理问题或者身体疾病，也更容易导致低效率和增加犯错的概率。

人的行为与认知活动不但受到情绪的影响，而且会受到动机的影响。动机是指发动、指引和维持一个人行为和心理活动的内部动力。动机是在试图解释一个人为什么要做这件事情，是什么激发了他要做这件事情，以及为什么会坚持地做这件事情等类似的问题。心理学家普遍认为人的行为背后都存在动机。一个人向往蓝天，渴望飞翔，这样的内部动力会成为他学习和职业选择的动机；新入职的民航服务人员希望能够更快地融入团队，被团队里的其他成员所接受，这也会成为他愿意与其他成员交流的动机。

3. 能力和人格

能力和人格属于人的心理特质。特质上的差异，会影响认知心理活动过程，也会影响情绪与动机，最终导致人与人之间心理上的差异。因此，能力与人格也称为个性心理特征，或者称为个性。这也是心理学非常重要的研究对象。

能力是指顺利实现某种活动的心理特征。例如，音乐家需要具备辨别音调、音乐记忆等方面的能力；画家需要具备形象记忆、空间知觉、色彩鉴别、视觉想象等方面的能力。需要注意的是，不同的人所具备的能力是有差异的，有的人可能有很强的逻辑推理能力，有的人可能有很强的自我觉察能力，有的人可能有很强的语言表达能力。

不同气质类型旅客——胆汁质

人格是用来描述人与人之间相对比较稳定的差异性的心理特质。两个人的人格特征是不可能一模一样的：有的人细心，有的人粗心；有的人文静，有的人冲动；有的人敏感，有的人粗心；有的人勇敢，有的人懦弱。这些都是不同人的人格特征差异性的体现。

4. 行为和心理活动

行为是指人的一系列反应动作和活动。唱歌、跳舞、吃饭、睡觉都是不同的行为。行为可以很简单，只存在少数的反应动作和活动，如眨眼睛、呼吸空气、挠痒痒等。然而更多的行为较为复杂，每一项行为里面包含多种活动，如剪纸艺术、驾驶飞机、绘画。

行为和心理活动的关系很微妙。首先，人的行为活动往往反映了人的内部心理活动过程。例如，你喜欢某一位明星，那么你很有可能会去看由他（或她）主演的电影。你去看电影（行为）体现了你对这位明星所产生的情绪（心理活动）。其次，人的内心活动也是通过行为表现出来的。心理学的一种困境在于心理活动的内部过程是无法直接进行观察和研究的。而行为往往是客观的，能够被我们以特定方式观察到。鉴于行为与心理活动的特别关系，人们往往通过研究人的行为来推测心理世界这个“黑箱子”。例如，通过旅客选择餐食的情况，来探索不同地区旅客的口味偏好等。当然，需要注意的是，心理活动与行为并不是简单的一一对应关系。同样的心理活动，不同的人表现出来的行为可能不一样。甚至同一个人在不同时期、不同状态下，表现出来的行为也会不一样。另外，同样的行为在不同人身上也许反映出来的心理活动过程也是不一样的。例如，解答同样的一道算术题，不同的人的思路可能是不一样的。尽管如此，通过外部行为来推测内部心理活动的方式，已经是心理学研究的基本法则之一。正因为如此，心理学有时也称为行为学。所以，有人把心理学定义为探索行为与心理活动的科学。

二、心理活动的本质

人类为何会有心理活动？这个问题大概从人类文明开始就一直在追问。远古时期，由于历史局限性，人们没办法对人的心理活动进行科学的回答，很长一段时期人类都把心理活动的原因归结为“灵魂”这类超自然原因。随着人类文明的发展，科技的进步，人类对于自身心理活动的认识也越来越多。

1. 人脑是心理活动的器官

人脑是心理活动的器官，然而人类确实花了很长时间才逐渐了解到脑器官与心理活动的关系。从很早时期开始，就有人认为人脑是心理活动的器官。明代医学家李时珍在《本草纲目》里就曾提到“脑是元神之府”“人之头圆如盖，穹窿象天，泥丸之宫，神灵所集”等观点。然而遗憾的是，由于科技的局限性，李时珍并没有对此观点进行更详细的论述。西方也有不少人认为人脑与心理活动是有关系的。早在古希腊时期就已经有人明确提出“脑是思想和意志的中心”，但和李时珍一样，西方学者对于心理活动与脑的关系，当时也只是停留在朴素观点的基础之上。

对于人脑的认识的重要突破来自人体解剖学，从此人们逐渐揭开了脑部的神秘面纱，越来越清楚地认识到心理活动是脑的机能。19 世纪，法国一名医生通过解剖发现大脑的语言运动中枢，如果这一部分的大脑组织发生病变，病人将丧失口头语言表达能力，但不影响他们书面表达的能力，这是人类第一次从解剖学上发现表明大脑与心理活动是有联系的这一直接证据。

此后，人类越来越多地发现心理活动与脑有关联的证据。例如，颞叶可能和记忆有关，杏仁核与情绪有关，下丘脑与进食、饮水等行为有关，左脑与理性思维有关，右脑与感性思维有关等。直到今天，越来越多的成果已经说明人脑是心理活动的器官。

2. 心理活动是人脑对客观世界的反映

虽然心理活动是脑的机能，但是这并不等于脑部会无缘无故地产生心理活动。我们可以设想一下：婴儿一出生，我们就立刻把他送到一个与世隔绝的房间里抚养，给他吃喝，但不让他与人接触，也没有人教给他人类的生活方式，直到他 18 岁。那么，这个 18 岁的年轻人是否有能力与我们交谈？他知道一加一等于几吗？他对于未来有规划吗？他想过今后从事什么职业吗？我们知道，答案一定是否定的。因为心理活动不可能凭空产生，语言不可能无师自通；数字计算不可能天生就会；人类的价值观、生活方式、职场规划更不可能天生就知道，它们是需要在人类社会氛围熏陶和教育下逐渐形成。所以，心理活动是人脑对客观世界的反映。

但需要注意的是，人脑并不是摄像机、复印机、计算机，能够实现对客观世界忠实而完整的反映。实际情况是人脑对客观世界的反映会经过某种程度的“加工”。在面对客观世界时，每个人所拥有的知识与经验，以及个人生理、心理特征会对客观世界进行“润色”。换句话说，面对同样的客观世界，每个人所产生的主观体验是不完全相同的。喝同样一款咖啡，不喜欢喝咖啡的人和酷爱喝咖啡的人，会产生不同的感受，不爱喝咖啡的人会觉得又苦又涩，而喜爱喝咖啡的人会觉得香浓可口。同样，第一次乘坐飞机的人，可能会表现得兴奋或者紧张；而经常乘坐飞机的人，则可能会表现得很平静。这样的例子在生活中不胜枚举。

总之，人类之所以有心理活动，是因为和脑部机能有关，心理活动是脑对客观现实的反映。客观现实才是人类心理现象的源头与材料。这些材料经过脑部神经活动转换为心理活动，是带有主观性的。

三、心理学的研究方法

心理学是一门学科，而我们对学科的认识是用符合科学标准的方式来寻找证据、得出结论的过程。因此，这里我们简要地介绍心理学研究中常用的一些方法。

1. 实验法

实验法是心理学研究的重要方法。实验法是指在控制条件下对某种心理现象进行研究的方法。通过对实验环境的控制，我们可以操控被试人员的活动，从而研究特定的心理现象。例如，我们可以在模拟飞机驾驶舱里分别安装不同颜色背景的仪表显示盘，并显示相同的信息。要求参加实验的飞行员在信号灯亮时尽快读出仪表盘上的内容。通过记录读数的反应时间和正确率，我们就能了解仪表盘所使用的颜色对飞行员阅读仪表盘所产生的不同影响。从这个例子中我们可以看见，实验法的最大优势就是严谨、客观，能精确地研究自变量与因变量之间的关系，实验结果可靠性高，有利于人们对实验结果反复验证。但实验法也存在不足。实验法通常是在实验室里模拟真实场景来完成的，因此存在很大的人为性，这会影响人们将实验结果应用到日常生活中。例如，我们在模拟机舱的环境里研究仪表盘颜色对于飞行员阅读仪表盘的影响，并没有考虑到真实飞行环境下，高空、机舱噪声等因素对人类身体和心理的影响。因此，科学的心理学结论往往需要一系列相应的研究才能更好地推广。

2. 观察法

观察法是指在自然条件下，对表现心理现象的外部活动进行有系统、有计划的观察，从而研究有关心理现象的方法。观察法在心理学研究中属于经常被使用的一种方法。观察法虽然是在自然条件下实施的，但也需要有严格的观察计划，并应系统、连续地将观察结果记录下来，这样才能得到比较可靠的结论。观察法的优点是真实和准确，能够最大程度地还原产生心理活动的环境。然而观察法的缺点也很明显，如观察结果很容易受到观察者本人态度、情绪、立场的影响而失去客观性，观察过程容易被干扰从而影响观察结果等。但不管怎样，观察法在心理学研究方法里有着独特的地位。因为有很多心理学研究课题没办法采用实验法来研究，或者相比实验法使用观察法效果会更好。例如，如果要了解旅客在候机的时候，通常是怎么消磨时间的，最好的方法就是观察法。

3. 测验法

测验法是指通过预先设计好的问题或者量表来检测某种心理特点的方法。需要注意的是，很多人会认为心理测验就是设计一些问题，让人回答即可、这样理解是不正确的。心理测验问题的设计，从内容构想直到形成最终问卷或者量表，是有一定程序的，并且这些程序还需要符合标准，才能作为心理测验法。这样做的目的是尽可能地保证问卷的可靠性和有效性，也只有经过这样严格程序编制的问卷，被试人员回答的结果才有科学研究的价值。

4. 个案研究

个案研究是通过对个人进行深入而详尽的观察与研究，从而发现某种特定心理活动的普遍规律的研究方法。例如，航空公司通过与某个带小孩乘坐飞机的旅客的深入交流，研究带小孩乘机的旅客所具有的共同需求特征。个案研究通常是在我们构想理论或者假设时，经常使用到的一种方法。但需要注意的是，由于个案研究的对象的局限性，因此对研究成果进行推广时一定要持有谨慎的态度。

第三节　民航服务心理学

一、民航服务心理学的概念

广义的民航服务心理学的概念可以定义为在民航服务过程中，运用心理学有关知识，更好地开展民航服务与管理工作。所以，从理论上讲，民航服务心理学属于心理学在民航服务工作中的具体应用，它关注的是在整个民航服务过程中一切与心理学有关的现象，并为民航服务人员提供工作指导。这样的定义比较容易让人理解民航服务心理学的概念，然而在实践工作中，却会使人感到困惑。因为这一概念的外延指的是一切与民航服务工作相关的心理现象都属于民航服务心理学。然而，民航服务工作涉及各个环节，工作复杂多样，作为服务人员，要想掌握所有与其相关的心理现象是很困难的。因此，我们应明确民航服务心理学的范围，以方便人们掌握民航心理学的内容。

二、民航服务心理学的研究对象

民航服务心理学的主要研究对象可以分为以下几个方面。

1. 民航旅客消费心理与活动

民航旅客的消费心理与活动，是民航服务过程中主要的心理现象。旅客从接受航班信息，经过信息处理与分析，到决定购买航班机票，再到乘坐飞机，并决定是否会下次选择相同航空公司或者航班服务，全过程都涉及复杂的消费心理与活动。掌握相关知识，能够帮助我们更好地设计相关产品，提升旅客的消费体验。

2. 民航旅客服务心理

旅客从购买机票开始，一直到离开机场，民航各个岗位的服务人员分别以不同方式在为他们提供服务。在这个过程中，不同阶段、不同旅客对于不同航空公司的服务期望和需要是不同的，这就需要民航服务人员能够根据不同情况有针对性地提供服务，所以民航服务人员应该了解有关的旅客服务心理，这样能够帮助他们有效地提高服务质量与效率。

3. 民航服务人员心理活动

由于民航服务的自身特点，民航服务人员长期处于工作压力状态，压力对心理、身体方面的影响会直接体现到航空服务的过程中。因此，如何调整与保持相对健康的心态程度，不仅关系整个飞行过程的安全，也关系整个民航服务过程的质量。

同时，民航服务的工作项目多，任务操作不允许出差错，整个过程不但有众多人员参与，还需要使用许多工作设施设备。因此，怎样合理设计与安排各项工作的服务程序，制定相应的标准，不仅需要考虑所使用的机器、设备，还必须考虑到人的心理活动特点。这样才能降低出错率，提高服务质量。所以，我们需要对民航服务人员的心理活动有一定的了解。

三、民航服务心理学与心理学其他分支的关系

民航服务工作具有任务多样、多岗位等特点，使民航服务心理学的内容涉猎面广泛，与心理学其他分支有不少交叉重叠的地方。同时，由于民航工作的独特性，民航服务心理学与其他心理学学科也存在许多区别。我们在学习民航服务心理学时，需要注意本门学科与其他相关学科的区别和联系。

1. 基础心理学

基础心理学也称为普通心理学，是研究心理现象基础规律的学科，如感知觉、记忆、思维、情绪、人类动机与需要、心理活动与脑的关系、各种心理现象之间的联系与机制等。它是所有心理学科的基础与根基，处于基础学科地位。它为所有心理学分支学科提供理论基础与研究成果。所以，基础心理学是心理学的入门学科。而民航服务心理学则是将心理学相关理论与研究成果在民航服务领域进行转化的结果，是基础心理学在本领域的具体应用。因此，基础心理学是根基，而民航服务心理学是分支。

2. 消费心理学

消费心理学在西方也称为消费行为学，是一门研究消费者心理与行为活动的学科。例如，消费者怎样明确自己的购买需求，如何收集产品信息，怎样进行消费决策，如何评价产品及满意度等问题。消费心理学是所有商业类和服务类学科的基础学科。它为企业的日常经营决策、开发产品、商品定价、广告宣传与促销活动、市场调查与反馈等方面提供理论支持和实践指导。消费心理学和民航服务心理学有交叉，也有不同。而民航企业及服务工作需要对消费者（旅客及潜在旅客）的行为与心理活动有所了解。因此，消费心理学是民航服务心理学的理论与研究成果来源之一，而民航服务心理学则是消费心理学的具体知识成果转换。

3. 管理心理学

管理心理学也称为组织行为学，是研究组织管理活动中人的心理现象及其规律的学科。管理心理学的研究，旨在探索在企业或者组织环境下人的行为及其相关机制，主要涉及领导力、管理决策、组织行为、员工激励、企业文化、员工个性心理与职业规划等方面的研究。因此，管理心理学的主要研究对象是组织里的人。而民航服务工作是在民航企业的环境下被设计、组织及实施的。这些服务工作涉及民航企业人员配备、资源协调、团队建设、文化氛围熏陶等方面，因此就必然会借鉴管理心理学的相关研究。所以，管理心理学和民航服务心理学是相辅相成的。没有有效的管理，就没有有效的服务产品。

4. 社会心理学

社会心理学是研究社会心理与社会行为的学科。研究的主要对象包括社会层面的心理现象，如社会情绪、民族心理、跨文化心理、宗教心理、人际关系与社会交往等；群体层面的心理现象，如团体内的人际交往、态度的形成与相互影响等；人格的社会心理学问题，如自尊、自我评价等。因此，社会心理学是一门涉猎范围较广的心理学科，对人与社会互动的心理现象有着许多的理论与研究。而民航服务工作，本质上就是人与人沟通交流的工作，包括民航服务人员与旅客交流、旅客与旅客交流、民航服务人员之间相互交流。因此，社会心理学也是民航服务心理学重要理论来源的一部分。作为民航服务人员，需要对人类的社会心理现象有一定的了解。

课后训练

1. 心理实验

（1）阅读《民航服务心理学》（李永，张澜主编，中国民航出版社）：第5~7页。

（2）两人一组，相互讲述阅读内容。

（3）比较两名学生讲述的结果的异同，并在班级内让他们分享心得。

2. 阅读分析

说明下面文字涉及的知觉现象。

（1）某旅客认为某航班的乘务人员服务态度不好，所以旅客对飞机上的乘务人员不太喜欢，这种认识和情感就会导致旅客不愿意与乘务人员接触，而且今后不愿意乘坐该航空公司的航班。

（2）民航资源网进行了“在价格一样的情况下，获得什么样的服务会让您倾向选择某航班？”的调查，结果显示：倾向“空姐的体贴服务”和“良好的客舱环境”的网友占到了24.26%和22.59%。

3. 练习

假如你是一名民航服务人员，在下列情况中能做些什么？

（1）第一天上机执行航班。

（2）在机场贵宾室为旅客服务。

第二章 旅客的心理

学习目标

1. 理解马斯洛需要层次理论。
2. 结合马斯洛需要层次理论，理解民航服务中的心理需要。
3. 根据民航服务心理需要研究，掌握相应的服务。

学习内容

1. 马斯洛心理需要理论。
2. 航空服务中的生理需要及服务。
3. 航空服务中的安全需要及服务。
4. 航空服务中的社交需要及服务。
5. 航空服务中的尊重需要及服务。
6. 航空服务中的自我实现需要及服务。

素质要求

1. 知识：理解对应的心理需要。
2. 能力：写作有逻辑性，事物的观察能力，知识的应用能力。
3. 素养：细心，爱心，责任心。

测试方式

书面报告。

第一节 个性与需要

一、个性

何谓个性？“个性”一词源于拉丁文“persona”，它有两个含义：一方面，原指演员在舞台上所戴的假面具，后引申为一个人在生命舞台上所扮演的角色；另一方面，指能独立思考、具有独特行为的人。随着对个性的深入研究，人们从不同角度、不同学科、不同方面出发，赋予个性不同的含义。它有时被规定为个人比较稳定的心理特征，有时被认为个体的主体性特征，有时被认定是个人的特殊性，有时被界定为人的本质的特殊表现，有时被解释为个人对社会环境的态度和行为的积极特征（如能动性、自主性、创造性等），有时被理解为社会及社会关系的个别存在形式。基本来说，人的个性范畴主要包括以下两种相关的含义。

1. 个性是个人的主体性

个性的主体性一方面体现了与自然性相对立的人的自觉性、开放性、可选择性和可完善性，它们是人自由自觉活动这一类本质的具体体现。从必然性来说，人必须追求和实现各种主体性，否则就会如同动物、工具一般，根本谈不上什么个性。另一方面，个人主体性又主要是指与社会性相对而言的自主性、独立性、能动性和创造性等，与人的依附性、被限定性、被奴役性相对立。独立自主性是个人自我确立、自我选择及自我实现的能力，它使个人真正成为自身和社会的主人。个人的概念是同自由和独立的概念分不开的。自我管理（自治）、自我确定、自我调节等术语在关于人的学科中享有的崇高的地位，这并不是偶然的。只有通过和依靠这些过程，人的创造能力才能得以形成和实现，实现充分的存在[①]。在强调尊崇个人独立自主性的时候，一定要注意防止和反对个人主义、自由主义和无政府主义，做到自信但不自负，自尊但不自满，自主但不自专，自爱但不自私；那种自我封闭、自恃清高、自我崇拜而不注重适当的参与、协同的个人生活方式，显然是不可取的。个人的自觉能动性则反映了作为理性的存在物，充分认识到外界客体的状态、本质和规律，认识到自身的身心结构、需求结构、能力结构等主体因素，认识到主客体之间的认识关系、实践关系和价值关系，以便根据内外两种尺度确立目的，制订计划，更好地指导个人和社会实践活动。在强调主体自觉自为性时，一定要注意反对不尊重客观事实和规律的主观唯心主义。至于能动创造性，它是社会进步的动力，是主体性力量的充分展现，是个性的最高境界。不过，在弘扬主体的创造精神及观念创新时，也要杜绝文化虚无主义、个体主义及怪异作风。

2. 个性是个人在内在本质及外部存在上的特异性

个性包括个人的唯一性、不可取代性和独特性等。对个人独特性这一个性的本质规定必须从三个方面加以认识。

---

① 科恩．自我论[M]．佟景韩，等译．北京：三联书店，1986：406.

1）坚持个性和共性相统一的观点。人是类存动物[①]，每个人都是具体的、完整的、自主的人。社会中不仅存在个人的个性，还存在群体的个性、组织的个性和民族的个性。抽象的、共同的、普遍的人类共性总是通过特殊的、具体的个人才能表现出来，共性寓于个性之中，无个性即无共性。基于此，把人的个性和共性割裂开，把人的抽象和具体对立起来，是完全错误的；而把历史上和现实中人性的具体表现都视为人性的"异化""非人化"的观点，也是不正确的。

2）科学地理解作为社会关系个别存在和表现方式的个性。社会关系是人的个性产生和发展的现实基础及外部环境。作为一定社会关系的产物和客体，人总要受到社会关系的制约，每个人总要通过社会化的社会交际、合作和合群行为，获得个人特殊的心理特征、行为特征和社会特征。但是，每个人的关系又是独特的、不可重复的，由此产生不同个性的个人存在。作为反映不同个人之间差别的个性，显示了个人与社会的一般关系，也折射出人的社会规定性和制约性。根据这种意义上的个性，思想家分别提炼出不同的人格范型，如经济人和道德人、自我导向的人和他人导向的人等。

3）要张扬个性但也要防止个人畸形发展。要创造人的个性，做到与众不同，就必须反对随大流、集体化、大众化和世俗化，鼓励个人积极进取，敢于竞争、冒尖和大胆创新。但是，绝不是为个性而个性，以为追求个人的独一无二及不切实际的个性解放，而忽视乃至魔化人与人之间的共同性——共同的利益性、活动性、目的性和规范性。

综上所述，可以把人的个性规定为个人较为稳定的主体性和差异性的统一[②]。

二、需要

行为科学、心理学等研究表明：人的行为是对社会和环境做出的反应，人的行为受人的需要、欲望、动机、目的等心理因素的影响。从某种意义上说，需要驱动着人的行为，需要是人的原始动力，是人类一切活动的出发点和归宿[③]。因此，旅客的需要就是旅客行为的原始动力。因此，要更好地服务旅客就需要深入地认识需要的本质，从旅客的需要出发，更有针对性地进行服务。

（一）需要的含义

需要既是哲学范畴，又是伦理学、心理学和行为科学中的重要范畴。需要的定义有十几种，可以总结为以下几种观点。

① 马克思．1844年经济学哲学手稿[M]．中共中央马克思恩格斯列宁斯大林著作编译局，译．北京：人民出版社，2000．

② 李德林．教学个性研究[D]．济南：山东师范大学，2010．

③ 李国庆．简论西方心理学中关于需要问题的研究[J]．殷都学刊，1995（3）：77-81．

1. “欲望”说

“欲望”说认为需要是人对目标的渴望或一种主观状态，即“需要是对事物的欲望和要求”[①]。认为需要就是欲望，欲望就是需要。

2. “反映”说

“反映”说认为需要是人脑中反映出来的人的生存和发展的条件。例如，心理学认为“需要是有机体的外部环境和外部生活条件的要求在人脑中的反映”[②]，即需要是人与客观环境相互作用过程中由不平衡产生的一种欠缺的心理状态。

3. “匮乏”说

“匮乏”说认为人的需要是为了生存和发展，表现出的摄取外部物质、能量和信息的状态，即“人的需要就是人感受到自身内在物质和精神上的缺乏，为了维持生存和发展，而对于外界事物的摄取欲望和要求”[③]。

4. “依赖”说

“依赖”说认为人的需要是人为了维持内部及外部环境之间的平衡而产生的依赖关系和倾向。例如，李德顺指出“人的需要是人的生存发展对于人自己的活动和外部环境与条件的依赖关系的表现”[④]。

5. “冲动”说

“冲动”说认为需要就是人的某种心理冲动。例如，社会心理学是这样定义需要的：“需要是指人的生理或心理状态由于某种不足或过剩，失去了原先的平衡而趋向不平衡状态，由此产生一种生理和心理的紧张状态，产生缓解紧张和恢复平衡的心理冲动。”

综上所述，需要是人的各种心理的、生理的、精神的和社会的等方面的要求在人脑及身体上的反映，也是有机体内部与外部环境不平衡状态的反映，是人之为人的条件。需要是人所有行为的原始动力，是人感到欠缺而力求获得满足的心理倾向，是人的“心理—行为”关系的起点。人一旦产生某种需要，心理就会紧张，就产生了行为的动力，然后寻找目标，开

① 中国社会科学院语言研究所词典编辑室．现代汉语词典[M]．北京：商务印书馆，2002：1543．

② 王维义．现代管理心理学[M]．北京：北京经济学院出版社，1996：115．

③ 王孝哲．论人的发展及其动力[J]．安徽大学学报：哲学社会科学版，2008，32（1）：13-18．

④ 李德顺．“价值”与“人的价值”辨析：兼论两种不同的价值思维方式[J]．天津社会科学，1994（6）：29-36．

始实施满足自身需要的实践等活动。因此，人的需要既是当下实践的动力、前提，也是此前实践的结果。

（二）需要的特征

1. 需要的具体性和历史性

人的需要是对某一具体对象的需要，没有具体的对象就无所谓需要。例如，饥饿时需要食物，水满足不了这种需要，只有面包、水果、肉等才能满足这种需要；露宿街头时需要住所；精神空虚时需要精神产品；孤单寂寞时需要朋友等。需要的具体特性可以理解为，首先需要对象是具体的。人到底需要的是什么，这一点很明确。人只有凭借现实的、感性的对象才能表现自己的生命[①]。其次，需要对象是客观存在的。“他的欲望的对象性是作为不依赖他的对象，而存在于他之外的”[②]。最后，人的需要是有条件的。需要的现实性表明人的需要受具体的、现有的物质条件、经济水平、社会条件制约，人们对未来的展望要依据现实条件。人通过需要与客观世界紧密联系，人与需要的矛盾也就转化为具体的人与自身、社会及自然的矛盾。解决人的问题，也就是解决人具体需要什么的问题。

人的需要不仅是具体的，而且是历史的，具有历史性。需要的历史性是指人的需要不是一成不变的、固定的、抽象的存在，而是随着社会的发展进步不断变化的、动态的存在。在这个过程中，不仅需要的主体在不断进化，需要的对象也在不断丰富、多样化，随着人的能力的增强不断地在深度与广度上拓展。物质资料的生产活动是人类为了生命存在而进行的第一个历史性活动，那时人的需要只能是由历史条件决定的物质需要，即那时人类想象不出其实也没有其他的需要，但是社会一旦具备了一定的物质基础，那么需要就有了包含精神文化在内的不断丰富的内容。因此，人的需要都有其对应的历史阶段。

2. 需要的层次性与随意性

需要具有层次性。首先，需要本身是分层次的。亚拉伯罕 • 马斯洛把人的需要分为生理、安全、社交、尊重和自我实现五大层次。不仅不同层次的需要对应的内容不同，同一层次的需要也有程度和水平上的区别。例如，吃，有的人只求吃饱，有的人则要色香味俱全。其次，需要是随着人成长的不同阶段发展变化的。人从出生到婴儿期，自然生理需要为主；而到了青少年期，尊重、爱和归属等需要为主；到了中年，自我实现则成了主要需要；到了老年期，

① 马克思，恩格斯．马克思恩格斯全集：第 42 卷[M]．中共中央马克思恩格斯列宁斯大林著作编译局，译．北京：人民出版社，1979：168．

② 马克思，恩格斯．马克思恩格斯全集：第 42 卷[M]．中共中央马克思恩格斯列宁斯大林著作编译局，译．北京：人民出版社，1979：167．

主要需要为老有所养，其他各种需要都逐步减弱。最后，从社会层面来看，需要随阶层的分化而不同。市场经济的发展打破了原有的社会结构，人与人之间产生了从收入到生活水平的等级差异，从而出现了阶层的划分，其中主要有九阶层说和三阶层说。九阶层指高级国家管理人员、经理、服务人员、劳动者、城市及农村贫困人口等。三阶层指政治、经济、文化精英层，广大劳动者的中层及贫困层。

人的需要虽然有层次性，但是作为有意识的人，对自己需要的圈定有很大的选择性、随意性，即人们对需要的追求不一定按由低到高的顺序进行，而带有一定的选择性、跳跃性、随意性。这种选择性、随意性、跳跃性，导致人的需要不是自然地从低到高发展，以至实现质的飞越，而会出现“仓廪不实而未必不知礼节，衣食不足而未必不知荣辱”及“仓廪实而未必一定礼节，衣食足而未必一定知荣辱”。需要的随意性是由于人们不清楚什么是自己真正需要的，什么样的需要才能使自己获得作为人的满足。这种需要的选择性、随意性也可能无法驱使人们追求更高层次的精神，而使人的需要仅仅停留在对基本的物质需要无止境的量的扩张上。例如，有的人把需要仅仅停留在获取金钱的目的上，有以权谋私者，有巧取豪夺者，也有为富不仁者，他们对金钱的占有不是出于换取使用价值，满足生活所需，而是完全超出了物质需要的极限，再多的财富和物质享受对于他们来说也是欲壑难填，对物质财富的占有似乎成了精神追求，成了一种畸形的需要、变异的需要。

3. 需要的客观性与主观性

人的需要具有客观性。需要的形成机制决定了需要的客观性。需要都是“现实的个人”的需要，现实的人是有生命的客观存在。客观存在的遗传和环境等因素决定了每个现实的人是有独特需要的客观个体。客观的外界环境通过影响人的需要，如限制人的自然本能需要，提升人的社会性、精神性需要，实现人的社会化。受外界影响的程度不同，人的需要客观存在个体差异性、独特性，而且满足人的需要的对象与手段也是客观的。因此，人的需要具有客观性。人作为有意识的、能动性存在物，其需要总是带有一定的主观色彩，因此人的需要具有主观性。现实中，人的理想、追求、愿望等都带有某种程度上的主观性。

4. 需要的无限性与有限性

人的需要是无限的。人以其需要的无限性和广泛性区别于其他动物[①]。需要的无限性是指人的需要发展的无限性及没有数量规定性。人的具体需要都是不断发展的，是从低级向高级发展的。需要的外延和内涵都是要发展的。例如，穿衣，人最初求有衣穿，然后求穿得好，

---

① 马克思，恩格斯．马克思恩格斯全集：第 49 卷[M]．中共中央马克思恩格斯列宁斯大林著作编译局，译．北京：人民出版社，1980：130.

而现在要求绿色无污染布料和个性化款式。人的任何需要都是逐步提高的，从而表现出发展的无限性。

需要的有限性是指需要服从质量互变规律，有最佳需要量，有极限，超过这个量物极必反，就没有价值了。人的需要都是由人的某种器官来承受的，有承受的极限，因此个体的需要在一定的时空里也有极限。超过了这个限度，对于承受它的器官有害无益。“酒醉之后，必定头痛；放荡成习，必生疾病”[①]。就连精神需要也是有限的，如人的审美疲劳，再美的东西，久而久之也会视如平常，甚至让人生厌。正如古人所云“乐极生悲”。因此，人的需要是无限性与有限性的统一体。

5. 需要的自发驱动性与自觉能动性

需要具有驱动性。因为需要一经出现，就推动人从事各种活动。这种驱动是自发力量。由于需要来源于人对自身存在和发展条件的依赖，因此，这种依赖会支配着人积极采取各种措施去获取和实现这些条件，激发出人的积极性和创造性。正如马斯洛所说“人是一种不断需求的动物，除短暂的时间外，极少达到完全满足的状况，一个欲望满足后，往往又会迅速地被另一个欲望占领。人几乎整个一生都总是在希望着什么，因而也引发了一切”[②]。这就是需要的驱动性所在。

需要不仅具有驱动性，还具有能动性[③]。需要的能动性首先表现在人的需要是能够被感知、被反映的，并以目的、动机等主观形态而存在。其次，人的需要超越了动物的生理需要和本能，是一种自觉的、有意识的主观要求，从而表现出自主能动性。再次，人的需要是对物质生活条件、精神生活的主观能动反映，是以人脑的意识活动为指向，在对需要的对象做出反应的基础上，制订行动计划，进行满足人的需要的活动。最后，人总是以自身的价值尺度去改造客体，并随实践的发展而提出新的需要。在实践中，人不仅能够把握自己所处的自然条件和社会历史环境，还能够按照自己在对象化活动中展示和确证的本质力量或能力，按照自己本性的需要，按照自身的价值尺度和评价尺度来安排生产和生活，满足或实现需要，从而表现出需要的自觉性和创造性。

（三）需要的属性

透过需要的属性我们可以更加深刻地理解人的需要。马克思指出：“他们的需要即他们

① 马克思，恩格斯．马克思恩格斯选集：第 4 卷[M]．中共中央马克思恩格斯列宁斯大林著作编译局，译．北京：人民出版社，1995：238.

② 亚伯拉罕·马斯洛．马斯洛人本哲学[M]．成明，译．北京：九州出版社，2011：1.

③ 赵家祥．马克思关于人的本质的三个界定[J]．思想理论教育导刊，2005（7）：20-26.

的本性”[①]。马克思认为人的需要是由人的本性决定的。人性是人区别于其他动物的特性，是人在与自然、社会和自身发生关系的过程中作为整体表现出来的性质。人有自然、社会和精神三大属性，人性是人的三大属性或三大本质相互作用、相互联系的有机统一体、综合体，那么需要就相应地具有自然属性、社会属性、精神属性等。

1. 需要的自然属性

需要的自然属性是指需要来自于人的自然本能或自然本性。马克思指出：“人直接的是自然存在物，人作为自然存在物，而且作为生命的自然存在物，一方面具有自然力、生命力，是能动的自然存在物；这些力量作为天赋和才能，作为欲望存在于人身”[②]。人的自然本性决定了人的需要具有自然属性，如生存的需要、安全的需要和物质的需要等，它们是人存在的基础，是其他一切的前提，也必然与人的道德有关。因为道德问题虽属于思想问题，但是如果生存和安全等基本需要不能得到满足和妥善解决，旅客的需要就不能从根本上得到满足。正如马克思所说“人们奋斗所争取的一切，都和他们的利益有关”[③]。离开利益思想一定会出丑，而人的需要就是人的利益。因此，我们解决问题要从实际利益出发，就是要从需要出发。我们解决道德问题，不能离开物质利益原则，必须结合实际的经济工作和人的实际需要。

2. 需要的社会属性

需要的社会属性由人的社会本性决定。人的需要的社会性表现在以下几个方面。首先，人的需要是在人的生产实践活动中激发出来的。人在改造客观世界的实践活动中，时刻期盼改变现状和憧憬着美好的未来，从而激发出各种新的需要。其次，需要的内容受社会生产力水平或历史条件的制约。人会产生怎样的需要、能不能满足需要，不是人的一厢情愿，人的需要会受当时的社会条件制约（包括物质、科技、文化等条件制约）。没有蒸汽机技术，就不可能激发人对火车的需要；没有互联网技术，就不可能产生网上聊天的需要。最后，满足人的需要离不开社会关系。这是由人的本质所决定的，人的本质是一切社会关系的总和。一个人的需要可以用另一个人的产品来满足，反过来一个人能生产出另一个人所需要的产品[④]。需要的社会性决定了人具有社会性的需要。人的社会性需要是连接个人与社会的关键因素，

① 马克思，恩格斯．马克思恩格斯全集：第 42 卷[M]．中共中央马克思恩格斯列宁斯大林著作编译局，译．北京：人民出版社，1979：514．

② 马克思．1844 年经济学哲学手稿[M]．中共中央马克思恩格斯列宁斯大林著作编译局，译．北京：人民出版社，2000：105．

③ 马克思，恩格斯．马克思恩格斯全集：第 1 卷[M]．中共中央马克思恩格斯列宁斯大林著作编译局，译．北京：人民出版社，1956：82．

④ 李金蓉．消费主义与资本主义文明[J]．当代思潮，2003（1）：59-64．

也是满足旅客需要的起点，是化解社会要求与个人需要之间矛盾的关键。一旦社会的道德要求转化为个人内在的自觉需要，内化为个人对社会的认同，个人与社会的融合就达成了。因此，解决道德问题，离不开研究社会需要。法律、道德、习俗等是社会对每个人的要求，一旦个人的社会需要与社会要求、社会规范相抵触，就会出现道德问题。因此，一方面，我们要把这些社会规范传授、灌输给教育对象，约束群众的生产和生活以保证社会的正常运行；另一方面，通过实践把这些社会规范、社会要求内化到群众的头脑中、思想中，升华他们的自觉意识和精神。

3. 需要的精神属性

人与动物的区别还在于人的意识性。人可以能动地思考，可以按照自己的标准去设定理想、标准，然后去追求、去创造以满足自己的需要，因此人的需要从产生到实现都带有意识性、精神性。人的精神需要是人发展和施展自己才能及享用文化成果的需要，人之所以有精神需要，是因为人必须通过实践感觉和精神感觉来证明人是有意识的类存在。这也是人类社会可以建立秩序并不断走向文明的根本所在。由于人来源于自然，人的需要具有自然属性；人的社会性存在，决定了人的需要的社会属性；由于人具有精神需要和自我意识，人的需要具有精神属性。基于此，人通过不断追求自身的各种需要，不断走向幸福和文明的未来。

（四）马斯洛需要层次理论

马斯洛是人本主义心理学的创始人，被誉为“人本主义心理学之父”，也是人格理论家和比较心理学家。他的主要著作有《人类动机理论》（1943 年）、《动机与人格》（1954 年）、《存在心理学探索》（1962 年）、《健康的心灵管理》（1965 年）、《科学心理学》（1966 年）、《人性能达的境界》（马斯洛 1969 年亲自选定，1971 年出版）。在这些著作中马斯洛详细深入地阐述了“需要层次论”“似本能论”“高峰体验论”等人性理论，他毕生都力图为人的心理活动提供一个积极的动机理论，他认为人的行为动机发自人的内在需要，这些需要有着高低不同的层次结构，这就是著名的需要层次理论。

需要层次理论是马斯洛人本主义哲学的重心和精髓。该理论认为：需要、欲望、动机是人性的表现，是善性和潜能发展的内在动力，没有满足的需要是人的一切行为的动机[①]。各种需要的满足程度也是马斯洛判断一个人心理健康程度的标准。受挫者只能是一个完整的人，而不是一个人的一部分[②]。如果大部分需要能满足，这个人肯定是积极、乐观、健康的，

---

① 亚伯拉罕·马斯洛．动机与人格[M]．许金声，等译．3 版．北京：中国人民大学出版社，2012．

② 亚伯拉罕·马斯洛．动机与人格[M]．许金声，等译．3 版．北京：中国人民大学出版社，2012：95．

否则就有人格缺陷，甚至会产生精神疾病。“不仅是基本需要越来越多的得到满足，也是心理健康水平在不断地提高”。“在其他因素相同的条件下，一个安全、归属、爱的需要得到满足的人，比一个安全和归属需要得到满足，但在爱的感情上遭受拒绝、挫折的人更健康。假如除此之外，他又获得了尊重和赞赏，进而增强了自尊心，那么他就会更健康，自我实现得到满足，成为更加丰满的人”①。需要满足的程度与心理健康程度有确定的正向关系。马斯洛的需要动机理论按照人类生存动机将需要划分为两大类，一类是由缺乏而引发的生存基本需要，这是最原始的，它有一系列最基本的特征“缺少它引起疾病；有了它免于疾病；恢复它治愈疾病；在某种非常复杂的、自由选择的情况下，丧失它的人宁愿寻求它，而不寻求其他的满足；在健康人身上，显得不活跃、衰弱不振，或缺乏效用”②。另一类是由成长引发的高级需要。它较为突出的特点也可以总结为以下几点：这一系列需要的满足会使人产生最大程度的快乐；它不受人的直接欲望所左右；以发挥自我潜能为动力。这种需要的满足增强了自主性、创造性和超然独处的能力，使人与他人或外界环境相处更为融洽，更能实现自我价值。“任何基本需要的满足，都是背离神经症的方向而向健康的方向迈进了一步”③。自20世纪下半叶马斯洛人本主义哲学崛起以来，马斯洛的需要层次理论不仅在理论上，而且在实践中都产生了极其广泛而又深远的影响，被广泛应用于管理学、心理学、文化教育等领域。

1. 马斯洛需要层次理论的主要内容

马斯洛在其著作《动机与人格》中，把需要按高低与先后次序排成阶梯式层次，由较低层次到较高层次排列为生理、安全、社交、尊重和自我实现五大类需要④。马斯洛的需要层次关系如图 2-1 所示。

生理需要（physiological need）：人的最基本的需要，是维持个体生存和发展的一种基本需要，是应该最先得到满足的需要，如食物、睡眠、住所、御寒等需要。

安全需要（safety need）：个人寻求生命、财产等个人生活方面免于威胁、孤独、侵犯并得到保障的心理需要，是生理需要满足后产生的高级需要。

社交需要（爱与归属需要）（belongingness and love need）：属于社会需要，包括人际交往中获得友谊、关爱和忠诚的需要；被团体与社会所接纳，得到相互支持与关照的需要。爱与归属的需要是较高层次的需要。

---

① 亚伯拉罕·马斯洛. 动机与人格[M]. 3版. 许金声，等译. 北京：中国人民大学出版社，2012：50.
② 亚伯拉罕·马斯洛. 马斯洛谈自我超越[M]. 石磊，编译. 天津：天津社会科学院出版社，2011：60.
③ 亚伯拉罕·马斯洛. 动机与人格[M]. 3版. 许金声，等译. 北京：中国人民大学出版社，2012：44.
④ 亚伯拉罕·马斯洛. 动机与人格[M]. 许金声，等译. 北京：华夏出版社，1987：40-54.

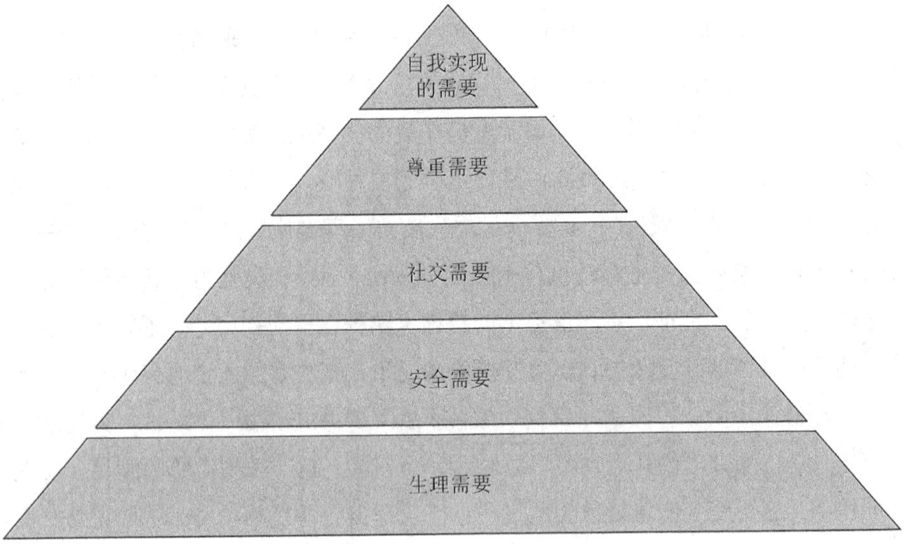

图 2-1　马斯洛的需要层次关系

尊重需要（esteem need）：包括被人尊重与自我尊重两个方面。当上述三种需要得到满足后，人们就会追求尊重的需要。

自我实现需要（self-actualization need）：实现个人理想、抱负，最大限度地发挥个人能力的需要，自我实现是最高层次的需要，只有当上述四个需要得到满足之后，自我实现的需要才会在需要群体中占据主要地位。

五种需要按层次递升，但不完全固定，也有例外。需要层次理论的两个出发点：一是低层次需要满足后，才出现高层次需要；二是在众多种需要里，成为行为动力的需要是最迫切的需要，该需要被满足后，别的需要才发挥激励作用。某层次需要满足后，更高层次的需要就成为驱动力了。相应的，已经满足的需要就不再是动力了。

五种需要可以分成高低两个级别：生理需要、安全需要和社交需要是必须依靠外部条件才能满足的低级需要；而尊重需要和自我实现需要是通过自身努力才可实现或满足的高级需要，尊重需要与自我实现需要是永无止境的。

马斯洛和其他心理学家有这样的共识：一个国家大多数人的需要的层次与结构，同该国的经济水平、科技水平、文化水平及人民的教育程度是直接相关的。例如，不发达国家，大多数人的生理需要和安全需要占主导，而只有小部分人的高级需要占主导；在发达国家，则刚好相反。

《动机与人格》出版后，20 世纪六七十年代，马斯洛又在社交需要与尊重需要之间增加了求知需要，在尊重需要与自我实现需要之间增补了求美需要[①]。求知需要是指人对于作用

① 弗兰克·G. 戈布尔. 第三思潮：马斯洛心理学[M]. 吕明，陈红雯，译. 上海：上海译文出版社，2006：39.

于他们的世界有一种好奇心，自发地进行探索。求美需要是指人都有审美的需要，通过各种方法使丑向美转化，从而得到满足。

2. 各种需要之间的关系及相互转化

前面的介绍似乎给人一种假象，似乎只有当一个需要百分百地满足后，另一个需要才会出现。事实上，马斯洛认为，各种需要之间是相互影响、相互渗透而又相互转化的。人的需要不是死板的、固定不变的、公式化的。有人注重自尊，有人认为爱是至高无上的，还有人是衣食无忧就满足了。马斯洛认为，一个新的需要绝不是在前一个需要完全满足后突然出现，而是一个从无到有的、缓慢的、逐渐出现并慢慢占据主要位置的过程，低级需要是高级需要的基础，只有低级需要足够满足后，高级需要才会慢慢出现，而且，高级需要总是比低级需要的满足程度要小得多。

具体说来，除了在人刚刚出生时看不到高级需要的出现，在人生的其他大部分时间里，各种不同层次的需要是同时存在的、重叠的。再者，人的需要任何时候都是连续的，只是强度不同。强度不同，对人支配的力量也就不同。越是低级的需要，对于一个人的生命的维持来说就越重要，越迫切；越是低级需要就越以自我为中心，如生理需要中饥饿、寒冷，安全需要中的平安、稳定就是如此。而需要越高级，和人类的关系就越密切，越为人类所独有；高级需要层次满足的比例越高，个体就越健康、越少自私、越能感到深刻的幸福、充实和安宁，越能发挥个人的社会价值。但是，低层次的需要较容易满足，层次越高，需要就越抽象、越难达到、越没有限度和不可触知。因此，终极的人的状态仿佛是注定我们要永远力求达到，而又永远不可能达到的状态[①]。正因为人的高级需要永不会完全满足，永恒的不满足感、失落感才会伴随人的一生，人们才会从精神上寻求现实中不能得到的满足，精神需要才是人的永恒追求。因此，对高层次精神需要追求才成为人生的终极目标，也正是人生意义和价值之所在。人的需要的形成和发展受外因影响很大，随生活环境、成长经历、受教育程度等的不同而不同。即使是同一个人，其需要层次在不同时期都有可能由于外界条件变化而不同，完全可能发生层次颠倒的情况[②]。在特定环境下任何需要都可能成为支配整个机体行为的主导需要。而且，如果某种需要长期得到了很好地满足，那么他可能意识不到这是一种需要，甚至完全忽略它。例如，一个从未有过寒冷体验的人，会把棉衣看作是可有可无的东西，甚至放弃它。而有过寒冷体验的绅士为了风度可能暂时穿得很单薄，但是如果让他熬过漫漫寒冬时，他可能就不再会因为形象而放弃棉衣了。另一个需要层次转化的原因是，如果某个高层

① 亚伯拉罕·马斯洛，等．人的潜能和价值[M]．北京：华夏出版社，1987：74.

② 亚伯拉罕·马斯洛．马斯洛谈自我超越[M]．石磊，编译．天津：天津社会科学院出版社，2011：27-28.

次需要长期得不到满足、长期压抑，人会因对它的绝望而放弃。一个整日温饱而发愁的人也许很想过富人的生活，如买辆跑车，周末带着家人去度假，但是长期的贫穷让他打消了这样的念头，使他感觉食物足够就很满足了。

有的人富有崇高的理想和追求，为了理想舍弃一切，为坚持真理付出巨大代价，在他们那里需要层次也是颠倒的。例如，为坚持“日心说”而被烧死的布鲁诺，为作曲甘愿贫穷的舒伯特。古今中外，有很多为了信念、正义、理想而放弃荣华富贵，甚至生命的人。当然，还需要补充的是，并不是所有的行为都可以用马斯洛需要层次理论去套用和分析。不是所有行为都是由动机引起的。除了动机之外，行为还有很多决定因素。例如，一个人聊天时高音还是低音，一个人散步时大步还是小步，一个人站立时是挺直还是弓着身子等，与马斯洛的需要动机理论没有关系，不可生搬硬套[①]。

第二节　个性心理需要划分

民航公司如果想要得到旅客更多的忠诚度，首先需要明白的就是了解旅客的个性心理需要。作为人类行为的原动力，心理需要包括很多方面，如安全、自我尊重、被人尊重等。心理学论述，人类心理对生理行为有着支配作用，有以下几个方面的作用。首先，心理需要作为人类行为的原始动力。需要导致产生心理紧张，慢慢形成动机和欲望，目的就会很明确，形成行动的必备条件。需要逐步推进行为的发展。当旅客有了欲望及其要求之后，就会诞生意向，进而采取购买行动，对公司进行包括机型、航线时间、服务理念等各方面的抉择。其次需要能否达成直接影响行为。需要被认识到存在时，才会有对应行为来达成。同样，行动就会有意义，直到需要得到满足为止。情绪也极大地受需要影响，人类情绪波动即心理体验直接与其相关。乘客情绪同样如此，在服务过程中满足乘客的心理需要将直接关系到情绪的高兴、悲伤、愤怒等情况。

由此可知，民航服务是必定离不开关注旅客心理需要。将心理需要作为服务的出发点，围绕其进行合理设计、规范服务，才会收获旅客的认可。

一、根据马斯洛需要层次理论划分

马斯洛的需要层次理论比较系统、全面、有层次地概括和分析了人们的多种多样的需要，而对于民航旅客来说，其需要包括生理需要、安全需要、社交（爱与归属）需要、尊重需要。

① 亚伯拉罕·马斯洛．马斯洛谈自我超越[M]．石磊，编译．天津：天津社会科学院出版社，2011：31．

（一）旅客的生理需要

旅客的生理需要即旅客对座位、饮食、休息等的需要。因此，民航公司务必保证飞机票没有超售，每位旅客都有相应的座位；并且座位的大小设计至少应该保证符合大部分人的体形，最好能够提供较大的座位供肥胖旅客选择；民航服务人员也需要准时、及时地提供毛毯、餐食等物品以满足旅客最基本的身体需求，并且要主动维持舱内的秩序，保证旅客的休息不受他人的打扰。民航公司和民航服务人员若能在满足座位、饮食、休息等的最基本的需要之外，还能在此基础上为其提供更加人性化、更加丰富的选择，则会得到更多旅客的认可和忠诚度，从而能在竞争激烈的民航市场中不断扩大自己的知名度。

（二）旅客的安全需要

飞机安检是否得当、是否准时起飞、起降次数是多少、保险配备情况、个人财产是否安全等都是旅客特别关注的问题。因此，民航公司除了购进性能更好的客机外，还应该考量航班规定、客流量、节假日等因素，从而制定合理的安全航线，应该加强网络信息安全，保障旅客的购票信息等不被泄露，以防不法分子以此开展诈骗等活动，还应该加强机场、机舱等地的安保力量，保证旅客在候机、登机、飞行等全过程安全无误。除此之外，民航服务人员务必主动告知旅客候机、登机、飞行等过程中的注意事项，让旅客感受到，即使出现了危险，民航公司也会帮助旅客渡过难关，增加旅客对民航公司和民航服务人员的信赖。

客舱区旅客的安全需要

（三）旅客的社交需要

心理学研究表明，每个人都害怕孤独和寂寞，希望自己归属于某一个或多个群体。在群体内，成员可以与别人保持联系，获得友情和支持，成员间在相互支持时，其行为表现是协调的，彼此都体会到大家都属于同一个集体，这样就可以从中得到温暖，获得帮助和爱，从而消除或减少孤独感，获得安全感。但是，陌生的旅客之间很难快速地产生友谊，旅客很难依靠自己的力量获得爱与归属的感觉，因此，就需要民航服务人员主动、热情地提供服务，让旅客对民航公司和民航服务人员产生爱与归属感，认为选择该民航公司就是选择温暖，在整个接触过程中，就像是在和自己家人、朋友接触那样的自在、开心。

（四）旅客的尊重需要

旅客作为消费者，在消费过程中希望获得民航服务人员的理解和尊重、关心和帮助。因此，民航服务人员不仅需要有统一而得体的服装、妆容，还要有许多既定的表达语句、手势，就是为了在为旅客服务的过程中，让旅客充分感受到被尊重、被重视、被关心，进而对民航服务人员的工作表示认可，对民航公司产生忠诚感。所以，民航服务人员需要通过为旅客提供周到、细致的服务和人性关怀，来获得旅客的尊重、好感和信任，以便更好地开展其他服务工作，并为民航公司提高信誉、知名度，进而获得更多的客源，使民航公司能够有更加长远的发展。

二、根据出行性质划分

根据出行性质，可以将旅客出行模式划分为以下三种。

（一）商务出差

商务出差是指由于工作需要，旅客不需要自己支付旅行费用的旅行。其特征是对机票价格不敏感；旅客相对稳定；男性旅客居多；对航班时刻比较敏感。上述特征是由其出差的性质和目的决定的，商务出差旅客对民航运输的需求一般具有以下四个特点。

1）由于旅客不需要自己支付旅行费用，所以他们不太看重价格，而是更加看重服务质量。因为在忙碌的工作环境下，为了保证出差的质量，旅客更希望有一个舒适、舒心的旅程。

2）因为某些旅行是不可提前预知的，所以如果公司安排有任何的变动，需要临时取消或临时决定前往某地，民航公司提供适当的航班时刻能满足旅客行程变动后的需求是很重要的。

3）商务出差由于购买的票价一般较高且可以签转，所以即便是出发前临时改变行程也是时有发生的。

4）由于航程长短的不同，不同的商务出差旅客的需求也是不同的，短途旅客更加关注航班的时刻和航班的密度，而长途旅客更加关注的是机上和地面的服务是否让人舒适、舒心。

从上述特点我们不难分析出，民航公司应该尽量加密有商务出差市场的航线的航班，提高这部分旅客的成行率；还需要提供舒适的候机和乘机环境，以及高水平的服务，这样才能留住这部分旅客，保证民航公司的效益。

（二）闲暇旅游

闲暇旅游是指旅客在非工作时间安排的出行，出行的目的通常与如何安排这段时间的计划相关。其特征主要有以下几点。

1）出行的费用由旅客自己支付，所以旅客对机票价格相对敏感。

2）旅客的出行安排与其收入和假期安排相关。如果假期有足够出行的时间安排，并且收入足够支撑这次旅行，那么旅客才会选择出行。

3）航空旅行的需求和此次出行的其他费用相关，如住宿、餐饮和娱乐等。如果此次出行的住宿、餐饮等费用相对较贵，那么如果机票的价格也较贵的话，旅客就有可能会重新选择目的地和出行方式了。

闲暇旅游的性质和目的决定了旅客对民航运输的需求：机票价格对旅客的影响最大；旅行安排的时间相对较长，对航班密度要求不高；旅客通常在很早就能确定休假的时间，所以会在很早的时候关注票价，选择合适的时间订好座位。

通过对上述特点的分析，民航公司可以为闲暇旅客提供较低的票价、较小的航班密度和简单的机上服务。这一点可以参照亚洲航空公司的服务标准，由于东南亚的旅游业相对发达，亚洲航空公司针对这个市场做了自己的市场定位，即低成本的航空公司，在宣传方面，在航班起飞前提前一年或者半年的时间就放出特价机票，让旅客尽早订票。另外，在服务方面，机上的服务都是有偿服务，即乘坐亚洲航空的飞机仅仅享受位移的服务，这对于民航公司来说也降低了成本，同时也为旅客提供了适当的服务。

（三）其他模式

其他模式是指除了商务出差旅客和闲暇旅游旅客以外的旅客出行，如走亲访友、医疗、留学、移民等。其中，走亲访友的比例相对较高。

综上所述，民航服务的本质就是要满足旅客的需要，只有把握好旅客的所想所需，才能为民航公司赢得良好的声誉和客源，提高航空公司在市场中的竞争力。如果民航公司提供的服务满足旅客所需要的各项要求，则民航服务人员的培训的出发点就是要满足旅客的各项合理要求。旅客内在的思维模式及其外在的行为模式均来自于旅客自身，旅客的需求作为出发点进行衍生将导向旅客的实际行动，所以应该将旅客所需要的各项合理要求作为民航公司服务的出发点[①]。

课后训练

参考中国香港国际机场、新加坡樟宜机场等客舱区的服务，应用所学的有关旅客需求的知识，为当地机场问询区分析民航服务的现状和需要提升的方面。

① 陈沁郁．基于旅客需求的航班延误的服务补救措施研究[D]．成都：西南财经大学，2014.

第三章　特殊旅客的需求

学习目标

1. 掌握客舱服务基本流程。
2. 学会观察和掌握特殊旅客的需求特点。
3. 学会根据特殊需求，提供相应服务。

学习内容

1. 儿童旅客的特征与服务。
2. 老年旅客的特征与服务。
3. 障碍（视力、听力、语言、轮椅）旅客的特征与服务。
4. 晕机旅客的特征与服务。
5. 团体旅客的特征与服务。
6. 睡觉旅客的特征与服务。
7. 孕妇旅客的特征与服务。
8. 重要旅客的特征与服务。

素质要求

1. 知识：客舱服务基本程序，行李协助，座位协助，安全协助，餐饮协助，保暖协助，洗手间协助。

2. 能力：事物的观察能力，事件的理解能力，知识的应用能力，问题的分析能力，责任的判断能力。

3. 素养：待人礼貌礼仪，亲和，热情，具有团队合作精神。

测试方式

角色扮演。

第一节　特殊旅客概述

要掌握不同旅客的心理状态，根据每个人的特点进行服务，这就需要民航服务人员要有敏锐的观察力、应变能力，用细致的服务来满足各种旅客的需要，尤其是对待老弱病残孕等旅客，接待和服务要更热心主动。

特殊旅客又称为特殊服务旅客，是指在运输过程中，需要承运人给予特别礼遇或特别照顾，符合承运人规定的运输条件的旅客。特殊旅客包括儿童旅客、老年旅客、障碍（视力、听力、语言、轮椅）旅客、晕机旅客、团体旅客、睡觉旅客、孕妇旅客、重要旅客等。

注意：

1）成人指年满 18 岁且具有完全民事行为能力的人。

2）残疾人与其他公民一样享有航空旅行的机会，为残疾人提供的航空运输应该保障安全、尊重隐私、尊重人格。

特殊旅客只有在订座、购票时提出申请且经民航公司同意，才给予载运。特殊旅客乘机文件填写特殊旅客服务需求单，该需求单分为 A 类、B 类、C 类，由旅客申请服务时填写。

1）A 类单适用对象：轮椅旅客（登机轮椅、机下轮椅）、障碍（视力、听力、语言）旅客、老年旅客、孕期不满 32 周的孕妇旅客、儿童（携带婴儿）旅客等一般服务需求的特殊旅客。

2）B 类单适用对象：无成人陪伴儿童旅客、无人陪伴障碍（视力、听力、语言）旅客、无人陪伴孕妇旅客等。

3）C 类单适用对象：轮椅旅客（机上轮椅）、32 周≤孕期≤36 周的孕妇旅客等特殊服务需求的旅客。

注意：

1）特殊旅客需求单的留存期为一年。

2）鉴于以下情况本人在航行中可能面临安全风险，旅客必须提供医疗证明：①旅客使用担架或保育箱；②飞行时需要医疗用氧；③可能造成直接威胁的传染病；④32～36 周乘机的孕妇；⑤存在精神障碍的旅客；⑥部分病患旅客；⑦对旅客能否在无须特殊医疗救助的情况下安全结束飞行抱有合理怀疑。

4）对于民航服务人员判断认为运输旅客存在风险或者可能存在风险，均可以请旅客提供运输申明书。

第二节　特殊旅客的个性需要

一、儿童旅客的个性需要

1. 对无成人陪伴儿童的服务

无成人陪伴儿童是指 12 周岁以下无亲属陪同单独乘机的儿童。如果家长因工作或其他原因不能亲自携带自己的子女，可以在履行一定手续后委托给民航服务人员，由他们代为监护，并平安地将其护送到指定的接机人手中。

特殊旅客的需求与服务——无成人陪伴儿童

在航班当日，儿童家长必须提前两个半小时携带“无成人陪伴儿童文件袋”和机票到候机楼与民航公司值机班柜台联系，民航服务人员将代儿童办理与乘机有关的一切手续，并带领儿童登机将其交给机组人员。到达目的地后，地面服务人员会根据预先得到的通知和乘务员交接，替儿童办好必要的手续并负责把儿童安全地交给家长。其间，无成人陪伴儿童标志牌将自始至终佩戴在儿童的身上，以备不时之需。“无成人陪伴儿童文件袋”将由乘务员转交给地面服务人员，地面服务人员最后会把“无成人陪伴儿童文件袋”和儿童一起交到接机人手里。

民航服务人员的个性服务具体有以下内容：指定一名乘务员负责照顾儿童的冷暖、饮食、休息、娱乐等，并写好空中日记以便交给其监护人；对于活泼、好动的儿童旅客不要训斥，要事先告诉他一些要求和规定；要了解清楚到达站接收人的姓名、地址、电话号码；了解儿童旅客的身体情况、生活习惯、日常爱好、所携带的物品等；飞机下降时，叫醒正在睡觉的儿童旅客，并妥善地照顾，以免压到其耳朵；飞机起飞、下降前，先帮儿童旅客在腹部垫放一条毛毯，然后系好安全带；到达目的地，向接收人员详细介绍儿童旅客的情况和点清携带物品。

2. 对有成人陪伴儿童的服务

照顾有成人陪伴的儿童旅客时，要注意尽量不要抱该儿童，抱该儿童时一定要事先经过陪伴者的同意。应该尽力协助其陪伴者照顾儿童旅客，在供应饮料和餐食时，要事先征求陪伴者的意见。

3. 对婴儿的服务

婴儿一般是指出生 14 天至 2 岁以内的儿童旅客。

民航服务人员的个性服务具体包括以下内容：帮助抱婴儿的旅客找座位，不要安排在紧急出口旁的座位，一般可以安排在前排或能放摇篮的地方，妥善安排好随身携带物品，帮助携带婴儿的旅客系上安全带，也需要帮婴儿系好安全带，并告诉携带婴儿的旅客解开的方法，并用小枕头垫在婴儿的头部，提醒携带婴儿的旅客在起飞、下降和颠簸时要保护好婴儿；指定一名乘务员帮助携带婴儿的旅客提拿随身携带的物品，并对婴儿给予必要的照顾，但是不要替旅客抱婴儿；调整好通风器，注意不要让通风口直接对着婴儿及其家属；给婴儿换尿布时，有条件的机型协助旅客到厕所内为婴儿更换尿布，也可以在乘务员座位上铺上毛毯并准备好尿布和清洁袋，民航服务人员应告诉旅客座椅容易弹起，要用腿压住（最好有人帮助压住），以避免其弹起夹伤婴儿，换好后，把脏尿布扔到厕所垃圾箱内，不可扔在服务舱，拿一块干净的热毛巾给旅客擦手，将毛毯放在一个地方，到地面后处理；下降时，告诉旅客唤醒婴儿，以免压到其耳朵，让旅客抱好婴儿并系好安全带，收好摇篮；落地后，帮助旅客整理好随身携带的物品；下飞机时，帮助旅客提拿随身携带物品并穿好衣服。

婴儿服务还包括主动向其家属介绍机内服务设备，特别是呼唤铃、通风器、厕所、为婴儿换尿布的设备、紧急设备的位置和使用方法等；向旅客征询婴儿喂食、喝水的时间和用量，有无特殊要求等；平飞后，在有条件的机型上可挂好摇篮，垫上毛毯，放好小枕头，让婴儿完全躺在摇篮里系好安全带。

另外，奶粉的调制方法：将奶瓶、奶嘴洗净消毒；奶粉的用量要准确（根据旅客的要求）；将奶粉放入奶瓶，先用少量凉开水调均或调成糊状，然后用开水冲开，放在凉水里降温，温度掌握在奶汁滴在手背上不烫手为宜。用毛巾包好拿给旅客。

二、老年旅客的个性需要

老年旅客有以下特点：他们思维迟缓，记忆减退，对事物反应缓慢，应变能力较差；思维能力的衰弱，使他们常常说话不连贯甚至语无伦次；但老年人情绪一般比较稳定，不易过度欢喜和发愁，在性格上有的深沉孤僻，有的开朗健谈。

乘机中突然发病的老年旅客患这两种病的人数最多：一个是高血压，患者在乘机时好激动，在心理上对周围环境的迅速变化适应较差，乘机时容易突然发作；一个是心脏病，患心脏病的老年旅客在乘机中容易出现心悸、疲乏、眩晕、昏厥等现象，他们的焦虑、忧郁情绪也比正常人明显，对于飞机的颠簸、机械故障、临时下降、复飞等现象也不适应，甚至由于强烈的生气、愤怒、惊惧及其他情绪上的波动导致死亡。

民航服务人员的个性服务具体包括以下内容：热情搀扶老年旅客上飞机（但是不要坚持搀扶那些不愿意让人搀扶的老人），主动帮助提、拿、放随身携带的物品，安排座位，并帮助他们系好安全带、解开安全带或介绍安全带使用的方法；由于老年旅客耳朵不灵，对于机上广播不一定能听清楚，所以要主动告诉他们飞行的距离、时间，介绍客舱服务设备，特别是呼唤铃、清洁袋、厕所的位置和使用方法；旅途中，要经常去看望，主动问寒问暖，询问老年旅客需要帮助的地方，并热情介绍航线沿途的风景和名胜古迹，以缓解老人精神的紧张；尽量送些热饮、软食，主动介绍供应的餐食；谈话时，声音略大些，速度要慢，语言要简练、柔和，以免老年旅客听不清楚；了解到达目的地后是否有人来接，搀扶老人下飞机并交代地面服务人员给予照顾；主动征询是否需要轮椅，飞机落地前告诉乘务长转告机长通知地面；落地后，最好让老年旅客最后下机。

三、障碍旅客的个性需要

1. 视力、听力、语言障碍旅客的个性需要

视力、听力、语言障碍旅客因为自身的缺陷，在机场、机舱这些陌生环境中心里会尤其觉得茫然、无助，在这个时候他们需要一个人做他们的“眼睛”“耳朵”，带领他们认识周遭的事物。

因此，民航服务人员在地面的个性服务，具体包括以下内容：陪同引导旅客协助办理乘机手续，并陪同引导旅客候机、登机全过程，座位安排在非出口座位、靠近窗口位置；在其托运的行李上挂优先标志牌；在经停站时，在经停时间较短的情况下，征询旅客的意见，可不安排其下机，如其要求下机，则乘务员要与地面服务人员进行交接，地面服务人员引导旅客下机，在候机区休息，航班登机时，引导其提前登机；地面服务人员提前查阅本次航班上特殊旅客信息及特殊旅客的服务需要，提前做好准备；在航班到达前 5 分钟，地面服务人员在飞机停机位等待；飞机到达后，地面服务人员到飞机舱门口迎接，并与乘务长做好交接，帮助旅客提拿随身携带物品；到达站行李优先卸机并交付，引导旅客至行李提取区，协助提取托运行李，引导旅客前往机场出口，如果有亲属迎接，则协助旅客与亲属交接。

民航服务人员在机上对旅客的个性服务具体包括以下内容：主动做自我介绍，热情帮助视力、听力障碍旅客上下飞机；让其拉着自己的手，同时提醒旅客方向；就座后，帮助安排随身携带的行李物品，帮助系好安全带，并讲解打开的方法；向视力、听力障碍旅客介绍紧急设备的方向、位置及其使用方法，触摸各种服务设施设备的位置，并教会其使用方法；供应餐食和饮料时，可以将餐盘比作时钟，把餐盘内的各种食物（热食、冷食、饮料、水果等）的位置告诉视力障碍旅客，必要时还可以拿着视力障碍旅客的手让他自己触摸，帮助视力障碍旅客切肉食和水果等；飞行中要有专门的服务人员负责，经常询问视力障碍旅客的要求，多和他交谈，以免视力障碍旅客感到寂寞；了解到达站是否有人接，主动送视力障碍旅客下飞机并交接给地面服务人员。

2. 轮椅旅客的个性需要

民航服务人员的个性服务具体包括以下内容：地面服务值机单位提前查阅本次航班上特殊旅客信息及特殊旅客服务需要，提前做好准备；轮椅旅客到特殊旅客服务柜台后，值机人员查阅旅客的身份证件、服务需求单等乘机文件；咨询旅客的身体状况，确定旅客的服务需要，根据其需要安排服务人员提供轮椅服务；允许旅客自愿选择先登机或者后登机；为轮椅旅客提供登机轮椅，将旅客送至客舱内座位旁，协助旅客入座；在登机时，即使旅客同意也不要手抱（抬）旅客；在经停站时，在经停时间较短的情况下，征询旅客的意见，可不安排其下机，如其要求下机，则乘务员要与地面服务人员进行交接，地面服务人员引导旅客下机，在候机区休息，航班登机时，引导其提前登机；具备乘机条件的旅客在地面轮椅、登机轮椅或者其他设备上不能独立移动的，承运人机场和机场地面服务代理人按各自责任不得使其无人照看超过 30 分钟；航班到达后，必须帮助旅客离机，并协助旅客提取行李将其送至到达口，与家属交接。

四、晕机旅客的个性需要

民航服务人员的个性服务具体包括以下内容：主动询问乘机前后的情况及有无晕机史，并加以安慰；根据症状让其松开衣领，帮助调节通风器和座椅靠背，让旅客安静休息；介绍并打开清洁袋；如果旅客提出服用晕机药，需要根据航线的长短来提供，并填写免责单；晕机旅客呕吐时，要及时更换清洁袋，呕吐后，送上小毛巾和漱口的温开水，并及时擦净被弄脏的衣服；如果座椅被弄脏，有条件的话可为晕机旅客调换座位；没有空座位时，可擦干净后铺上毛毯再让旅客就座；告诉乘务长填写客舱记录本。

五、团体旅客的个性需要

团体旅客具有活跃、兴奋、有时说话声音较大的特点，因此民航服务人员的个性服务具体包括以下内容：对团体旅客的大声喧哗，需要和蔼解释劝止，必要时和领队沟通；向领队自我介绍，并告知有事可与乘务员联系；对团体旅客主动介绍设备、沿途名胜古迹、飞行航线、飞行时间、供餐时间等；关注服务情况，随时满足团体旅客提出的个性需求。

六、睡觉旅客的个性需要

民航服务人员的个性服务具体包括以下内容：为睡觉的旅客关掉阅读灯、通风器，适当地调节客舱温度；走路、说话、动作要轻，给睡觉的旅客创造一个安静舒适的环境；为其轻轻地盖上毛毯，不要吵醒旅客；白天光线较强时，可以把遮光板拉好；送餐食时，不要叫醒旅客，等到旅客醒后说明情况，给予适时的补偿服务。

七、孕妇旅客的个性需要

孕妇旅客有以下特点：她们的腹部区域非常敏感，并且不宜受凉，行动也比普通人不便，一旦被碰撞、摔倒是非常危险的，而在心理上的重要变化是把胎儿的安全放在首位，她们会尽全力保护受孕区。

民航服务人员的个性服务具体包括以下内容：热情搀扶孕妇旅客上飞机（但是要先询问征求孕妇旅客的意见），主动帮助提、拿、放随身携带的物品；针对孕妇行动不便、忌风忌冷的特点，不要把孕妇安排在紧急出口处，通风口不能直接对着孕妇吹风；对于孕妇对腹部受孕区特别敏感的特点，在帮助孕妇系安全带的时候，一定要垫上枕头或者毛毯；孕妇因为身体比常人庞大，可以根据情况将其更换到比较宽敞的座位；由于孕妇旅客行动和饮食方面的特点，以及其他特殊要求，所以重点介绍呼唤铃、清洁袋、厕所的位置和使用方法；旅途中，要经常去看望，主动问寒问暖，询问孕妇旅客需要帮助的地方，并热情介绍航线沿途的风景和名胜古迹，以减少孕妇旅客精神的紧张；尽量送些热饮、软食；谈话时，声音平和，语言要简练、柔和，以免使孕妇旅客产生不适，影响情绪；了解到达目的地后是否有人来接，搀扶孕妇旅客下飞机并交代地面服务人员给予照顾，飞机落地前转告机长通知地面；落地后，最好让孕妇旅客首先或者最后下机。

八、重要旅客的个性需要

重要旅客是指省、部级（含副职）以上官员，军队在职正军职少将以上军官，公使、大使级别外交官，两院院士等，当然每个航空公司还有一些自己特殊的规定。重要旅客有以下特点：他们对服务品质的要求非常高，同时又对私密空间的要求高，不愿意或者不方便暴露身份。而对于心理上或多或少自我意识强烈的特点，毕竟重要旅客象征着地位和身份，因此我们要尽可能地体现对他们的尊重和重视。

乘机前，一般情况下，会需要乘坐该航班的航空公司的高层亲自迎送，从贵宾接待室到机舱门口会有专门的通道，或者提前单独登机。到达机舱门口，该航班的乘务长甚至是机长（依公司通知为准）亲自迎接，双手接过行李，放置在离舱门最近的位置，因为这样可以利于重要旅客提前单独下机。在第一时间里，对重要旅客的称呼，除了必备的礼貌礼仪，最重要的是准确地称呼姓氏和职务名称，音量可以稍微减轻。接着要引领重要旅客入座，并下蹲主动帮助系好安全带（事先安排好头等舱或者同等条件的座位）。调整好通风器方向，保证客舱温度舒适，环境安静。并主动提供拖鞋、毛毯、饮料小吃（事先调查好旅客的喜好），一般情况下，可以用建议的方式询问重要旅客是否需要时事报纸杂志（提前准备好）。

民航服务人员的个性服务具体包括以下内容：在重要旅客的就座范围内，要安排一个专门服务人员负责，而选择的这个服务人员一般是全公司非常优秀、经验丰富的乘务员（通常是乘务长职务）。飞行过程中，随时观察重要旅客就座的环境，温度是否适宜，环境是否安静。餐饮服务中，要特意准备重要旅客喜好的食物和饮料（要提前准备好），帮助旅客放好小桌板，铺好餐巾。有很多航空公司为了做到更卓越的优质服务，还会安排特级厨师，专门为重要旅客提供现场制作的餐点，选择更多，更加新鲜。如果有一些重要旅客对品质有更特殊的要求，还可以特意准备专用餐具。主动联系到达目的地后接机的安排，飞机落地前准备好行李，乘务长亲自恭送重要旅客优先下机。

课后训练

针对特殊旅客的需求，学生进行分组练习。

（1）老年旅客。

① 起飞前：行走协助；主动询问与帮助使用设备（行李协助、安全带、呼唤铃、通风器）；观察确认安全隐患；座位不得安排在紧急出口或客舱楼层上；注意音量和称呼。

② 飞行中：保持观察；协助使用卫生间；饮食主动关照（热饮、面条、特殊选择、忌酸）；主动询问温度（毛毯）；注意音量和称呼；看望与情感交流（若需要）。

③ 降落前：观察；主动确认安全事宜；协助缓解耳朵疼痛。

（2）伤残旅客。

① 起飞前：协助就座（轮椅）；主动询问与帮助演示使用设备（行李协助、安全带、呼唤铃）；座位不得安排在紧急出口或客舱楼层上；注意音量和方式。

② 飞行中：协助使用卫生间；饮食关照（叉子）；帮助放好小桌板；切记触摸伤残部位；注意音量和方式。

③ 降落前：主动关心，确认安全事宜；联系地勤人员（若需要轮椅或护送）；注意音量和称呼。

（3）盲人旅客。

① 起飞前：协助行走、就座、行李；主动帮助使用安全带；协助触摸设备（呼唤铃）；座位不得安排在紧急出口或客舱楼层上；注意音量和方式。

② 飞行中：协助使用卫生间；饮食关照（食物位置、叉子、提醒温度）；帮助放好

小桌板；可主动提供音乐；注意音量和方式。

③ 降落前：主动关心，确认小桌板、座椅、安全带；联系地勤人员（若需要护送）；注意音量和称呼。

（4）孕妇旅客。

① 起飞前：确认孕周（不满 32 周，正常接收；32～35 周须有医疗许可证明，否则以孩子安全为由，谢绝承运）；行走协助；行李协助；主动帮助系安全带（小腹下部垫一条毛毯或者枕头，系在大腿根部）；主动帮助使用设备（呼唤铃、通风器）；将座位更换到宽敞区域（若需要）。

② 飞行中：协助使用卫生间；饮食主动关照（热饮、特殊选择）；主动询问温度（毛毯）。

③ 降落前：主动关心，确认安全带；联系地勤人员（若需要护送）；注意音量和称呼。

最后，学生之间相互评价，教师针对训练做总结。

第四章　民航服务沟通

学习目标

1. 掌握沟通原则与技巧。

2. 学会处理旅客抱怨、错误特殊事件。

学习内容

1. 换位理解——旅客的需求。

2. 第一印象——形象与声音。

3. 学会观察——何时需要，何时离开，何时等待。

4. 沟通基本要求——赞美，倾听，尊重。

5. 沟通特殊技巧——处理语言。

素质要求

1. 知识：交往沟通中旅客的需求，第一印象的形象与声音，观察旅客特征并做出相应反应。

2. 能力：沟通的语言能力，旅客抱怨处理能力，旅客错误处理能力。

3. 素养：热情，耐心，周到，赞美，倾听，尊重。

测评方式

案例分析。

第一节　沟通概述

一、沟通的内涵

什么是沟通？沟通的一般定义为人与人之间用语言、肢体、文字等将信息、思想、情感在个人或群体间交流传递并且达成共识或者取得理解的双向互动过程。“沟通”一词的原意是指通过挖沟开渠使不同水系相互流通、畅达。职场中，为什么有的人能与他人和谐相处，受到领导的青睐、同事的喜爱、客户的欢迎，在工作中游刃有余、得心应手，而有的人却处处碰壁、一再受挫呢？中国职业能力认证中心对近千名被解雇的员工进行调查统计后发现：因知识和个人技能不称职而遭解聘的不到 15%，而超过 85%的被解聘者是由于他们的人际关系处理不当或沟通能力欠缺。

研究发现，沟通在人的社会生活中占有重要地位，人在生活中，大约有 70%的时间在进行着各种各样的沟通。沟通不仅影响我们的生活，更影响我们的工作。对各行各业来讲，沟通无处不在。同事之间的交流、合作离不开有效的沟通；与顾客或者合作伙伴之间也离不开沟通，通过有效的沟通能了解客户的想法、需求、价值取向，建立、维护与客户之间的关系，帮助企业创造更大价值。服务也是一种沟通，它更多传递的是企业文化、对客户的尊重和重视，并希望获得认同的信息。

旅客的分区需求与服务——问询区

对民航服务人员而言，沟通能力是一项非常重要的能力，它包含语言表达能力、行为能力、礼仪素养、专业能力等，有效的沟通使工作顺利开展，拉近与旅客的心理距离，减少矛盾和摩擦，对创造和谐愉悦的工作氛围起到至关重要的作用。

民航服务主要概括为空中服务和地面服务两大部分。地面服务相对于空中服务而言，是指除所有空中服务以外，涵盖了以机场候机楼等为旅客提供乘机所需要的各个环节的服务。一架飞机的运行，需要多部门的协同、配合才能实现，如飞机的签派放行、飞机的维护排故、航空食品保障、机舱的消毒清洁、行李的装卸、旅客的接机送机……每个环节都需要及时有效地进行沟通，才能使运输服务工作安全顺利开展。

案　例

2006 年 1 月，北京地区连续 3 天出现大雾，首都国际机场的进出港航班几乎全部延误，所有在候机室服务的各航空公司工作人员已经疲惫不堪，滞留在候机楼的旅客挤满了候机楼所有的空间。大家都急切盼望大雾快些散去，天气尽快好转，候机楼人潮涌动，有几个旅客走到问询台处询问服务人员：“你好，到 × × 的航班今天能走吗？会不会取消啊？”服务人员答道：“天气不好，这个我也不知道。”“你再给问问。”“问了也没用，反正要等天气好了才能走。”

"那要是今天天气一直不好转，我们就一直这样等下去吗，也没人管我们，也没个人出来说一声要等多久？""我问了也没用，没人告诉我确切时间。""那现在谁知道，你们就把我们扔那儿不闻不问？""我也已经20多个小时没有休息了，我也想天气快点儿好。""你的意思就是我们还应该给你加班费？"服务人员低头不搭理乘客。其中一个旅客气愤地随手抓起柜台上的电话就要朝服务人员砸过去，被另外一个旅客拦住了，旁边的服务人员立即给旅客赔礼道歉，并把收到的最新天气信息告诉旅客，建议旅客自己选择继续等待还是改乘别的交通工具，缓和了当时紧张对峙的局面。

分析："良言一句三冬暖，恶语伤人六月寒"，深刻说明了语言在人际交往中所起到的重要作用，一触即发的矛盾随即化解，良好的语言和态度避免了矛盾冲突的进一步升级。

二、沟通的意义

民航企业作为服务行业，需要面向四面八方的旅客，为旅客提供安全优质的服务是民航企业立足、发展的基石，民航服务人员必须具备良好的沟通协调能力，主动的服务意识，才能使服务工作顺利开展，才能使旅客的出行"放心、顺心、舒心、动心"。旅客到达机场的每一个环节都离不开民航服务人员的贴心服务，民航服务人员为旅客服务的过程就是沟通的过程，通过有效的沟通不但提高了旅客满意度，也提升了民航企业的社会形象。

让我们用一个小故事来说明如何把握有效沟通。有一把坚实的大锁挂在铁门上，一根铁杆想去撬开他，费了九牛二虎之力，还是无法撬开，这时，钥匙来了，它把瘦小的身子钻进锁孔，只轻轻一转，那把大锁就"啪"的一声打开了。铁杆奇怪地问钥匙："为什么我费了那么大力气也打不开，而你却轻而易举地就把它打开了呢？"钥匙说："因为我最了解它的'心'。"铁杆只会用蛮力，不懂得打开的方法，所以打不开锁头；而钥匙之所以能打开锁，是因为它了解锁头的"心意"。可见，服务的有效沟通就是要了解沟通对象的所思、所想、所需。

对大多数旅客而言，与民航服务人员只有一面之缘，对民航服务人员的印象也比较粗浅，所以一旦航班延误或是突发事件，双方往往因为言语的不慎引发矛盾冲突。民航服务人员应该时刻注意自己的言行举止，学会换位思考，体谅旅客出行的不便，尽可能为旅客排忧解难。民航服务人员禁止使用的服务用语包括"没办法""这是×××部门的事，与我无关""我这里很忙""你去投诉好了""排好队""先等一下"……

案　例

在一次温州飞往上海的航班上，一位旅客走到机舱门口时，突然对着飞机外壳打了两拳。在舱门口迎客的乘务长微笑着说："先生，您的力气真大，您会气功吗？"和那位先生同行的旅客笑了起来："小姐，他就是这样，喜欢到处拍拍打打。"乘务长听了依旧微笑着说："看来，我该建议公司提供一些个性化的服务，在飞机上配备个沙袋，提供给像这位先生一样的旅客使用。"

分析：乘务员正面指出旅客的不恰当行为，往往起不到劝阻和教育的作用，反而可能成为双方发生不快的导火索。乘务员用一句"个性化服务"的幽默语言，从侧面婉转地指出了旅客的不当行为，起到了事半功倍的效果。

（资料来源：尚航，2017. 温柔背后的另一面，劳模吴尔愉的精彩人生.（2017-02-20）[2017-12-15]. http://news.carnoc.com/list/392/392559.html.）

民航服务人员在工作中都会碰到类似问题，不同的沟通方式和沟通技巧往往会产生截然不同的结果。据调查和研究表明，工作中70%的错误是由于沟通不到位造成的，沟通不到位不仅造成误会、激化矛盾，甚至还会引发严重的安全事故。

案　例

1990 年 1 月 25 日，由于阿维安卡 52 航班飞行员与纽约肯尼迪机场交通管理员之间的沟通障碍，导致了一场空难事故的发生，机上 73 名人员全部遇难。

19 点 40 分，阿维安卡 52 航班飞机正飞行在美国南新泽西州西海岸上空。机上的燃油可以维持近 2 个小时的航程，在正常情况下飞机降落到纽约肯尼迪机场仅需不到 30 分钟，然而，此后一系列的沟通问题，最终导致惨案的发生。

20 点，肯尼迪机场航空交通管理员通知 52 航班的飞行员，由于严重的流量控制他们必须在机场上空盘旋待命。

20 点 45 分，肯尼迪机场的交通管理员收到 52 航班的报告："燃料用完了"。但是此后，阿维安卡机组成员没有向肯尼迪机场传送任何十分危急的信息。

21 点 24 分，52 航班第一次试降失败。由于飞机高度太低，以及能见度太差，因而无法保证安全着陆。当肯尼迪机场指示 52 航班进行第二次试降时，机组成员再次提及飞机的燃料将要用尽，但飞行员却告诉管理员新分配的飞机跑道"可行"。

21点32分，飞机的两个引擎失灵。1分钟后，另外两个也停止了工作。最终，耗尽了燃料的飞机于21点34分坠毁于长岛。

分析：当调查人员考察了飞机驾驶舱中的磁带，并与当班的机场管理员讨论之后，他们发现导致这场悲剧的原因是沟通的障碍。首先，52航班的飞行员一直说“油量不足”，机场管理员告诉调查员这是飞行员经常使用的一句话，当被延误时，管理员认为每架飞机都存在燃料问题。但是，如果飞行员发出“燃料危机”的呼声，那么管理员有义务优先为其导航，并尽可能快地让其着陆。遗憾的是，52航班的飞行员从未说过“情况危急”，所以，肯尼迪机场的管理员一直未理解飞行员所面对的真正困难。

其次，飞行员的文化和传统及机场的职权也使52航班的飞行员不愿意申明情况紧急。因为在正式报告紧急情况之后，飞行员需要写出大量的书面汇报。另外，如果发现飞行员在计算飞行过程需要多少油量方面疏忽大意，联邦飞行管理局就会吊销其驾驶执照，这些方面极大阻碍了飞行员及时发出紧急呼叫。

（资料来源：http://www.doc88.com/p-917624193637.html.）

第二节　沟通的途径

沟通过程是指沟通主体对沟通客体进行有目的、有计划、有组织的信息、思想、感情交流，通过主客体的双向互动的过程达成目标。

在沟通中，沟通主体可以选择或决定沟通客体、沟通环境、沟通的途径和方法等，在沟通过程中处于主导地位；沟通客体是整个沟通过程的出发点和落脚点。要使沟通最终达到双赢结果，沟通双方特别是主体一方，必须清楚地把握以下要素：沟通的主题是什么？沟通要达到的目的、效果是什么？双方对沟通主题的认知存在哪些分歧点？如何消除分歧达成一致？

沟通的途径和方法是多种多样的，根据信息载体的异同，沟通可分为语言沟通和非语言沟通。一般来讲，民航服务人员占据沟通主体的地位，在与旅客的沟通中必须客观、清楚地了解环境情况，锁定沟通目标，选择有效的沟通途径。

一、语言沟通

语言是人类特有的、有效的沟通方式。语言沟通建立在语言文字的基础上，又可细分为口头沟通和书面沟通两种形式。在语言沟通过程中，对于信息、思想和情感的传递而言，更擅长于信息的传递。

1. 口头沟通

口头沟通是指民航服务人员在工作中借助一定的口头语言实现信息的交流，是民航服务中最常采用的沟通形式。服务用语、广播、突发情况处置、纠纷处理等都属于口头沟通的范畴。口头沟通方式灵活多样，既可以是正式的磋商，也可以是非正式的闲聊；既可以是直奔主题，也可以委婉迂回。在民航服务过程中，口头沟通时应注意以下几点。

1）口头沟通要求规范性与灵活性兼而有之。沟通的语言如果是恰当的、得体的、准确的，会使旅客产生愉快、亲切之感，从而对服务产生良好的反馈；反之，如果语言是唐突的、生硬的、含糊的，旅客则会难以接受，甚至引起旅客的不满与投诉。

2）禁止使用服务禁语。

3）避免在同一时间与多人进行沟通，避免情绪化的沟通。

口头沟通是所有沟通形式中最直接的方式。在这种方式下，信息可以在最短时间内被传递，并在最短时间内得到对方反馈。作为民航服务人员，运用语言时要注意语音的控制，语音准确、吐字清楚、讲普通话。说话过程中，语气要抑扬顿挫，表现出服务人员的热情、专业，并且速度适中。

2. 书面沟通

书面沟通是指民航服务人员运用文字、图片等进行信息传递的过程，如安全须知卡、出口座位说明书、禁止携带乘机物品图片、逾重物品收费单、声明价值行李收费单等。书面沟通也是民航服务人员解答旅客疑问，与聋哑旅客、对口头表达存有疑虑的旅客进行有效沟通的最佳途径。

1）书面沟通应遵循“4C”原则：清晰（clear）、完整（complete）、准确（correct）、简洁（concise）。

① 清晰——表达的信息结构完整、顺序清楚。

② 完整——对信息质量和沟通结果有重要影响的一个因素。否则，就如同“盲人摸象”，片面残缺的信息会导致判断和沟通错误。

③ 准确——衡量信息质量的最重要的指标，也是决定沟通结果的重要指标。信息是否准确往往会导致结论和沟通结果的不同。

④ 简洁——表达或传递的信息要尽可能做到言简意赅，这样可以提高阅读者对信息的处理效率。

2）与口头沟通相比，书面沟通更正式、更准确，同时与多人沟通时的效率也更高，但不利之处在于缺乏灵活性和情感交流。

二、肢体语言沟通

所谓肢体语言，是指不通过口头或书面语言，而是通过微笑、眼神、手势或身体其他部位进行沟通。美国心理学家艾伯特·梅拉比安经过研究认为，在人们沟通中，所发送的全部信息中仅有7%是由语言来表达的，而93%的信息是由非语言来表达的。你也许遇到过这种情况，在你和别人交谈时，对方时不时看看手机，并对你不自然地笑笑，这时，你就会知趣地结束谈话。你从什么地方知道对方不愿意再听你讲下去了呢？这就是对方的肢体发出的信息。对方时不时看看手机，说明他对你的话题不感兴趣或是有其他事情想要离开；对你不自然地笑笑，说明他不好意思打断你的谈话，出于礼貌，只好勉强应付。在沟通过程中，语言沟通和非语言沟通常常密不可分，相伴使用。

1. 表情

在与人交流的过程中，面部表情所表达的含义是多种多样的。面部表情语言是指运用面部器官（如眉、眼、鼻、嘴）来交流信息、表达情感的非语言符号。体语学的创立者伯德惠斯特尔指出，人的脸部可以做出大约2.5万种不同的表情，是非语言信息最丰富、最集中的地方。而在人的面部表情中，最动人、最有魅力的就是微笑。

案　　例

某航班飞机起飞前，一位旅客向乘务员提出需要一杯水吃药。乘务员很有礼貌地说："先生，为了您的安全，请稍等片刻，等飞机平稳飞行后，我会立刻把水给您送过来。"

15分钟后，飞机早已进入平稳飞行状态。突然，客舱内的呼唤铃急促地响了起来，乘务员猛然意识到：糟糕，由于起飞后太忙，忘记给旅客倒水了！乘务员连忙来到客舱，小心翼翼地把水送到那位旅客面前，面带微笑地说："先生，实在对不起，由于我的疏忽，耽误了您吃药，非常抱歉。"这位旅客抬手看了一下表："怎么回事？有你这样服务的吗？你看看，都过了多久了！"乘务员手里端着水，心里感到很委屈，但是，无论她怎样解释，这位旅客都不肯原谅他的疏忽。

后续服务中，为了弥补自己的过失，乘务员每次去客舱服务时，都会特意走到那位旅客面前停留一下，面带微笑地询问他是否需要水或其他服务，然而，那位旅客余怒未消，摆出一副爱理不理的样子。

飞机下降前，那位旅客要求乘务员把意见簿给他送过去，很显然，他要提出投诉。此时，乘务员心里虽然忐忑不安，但是仍然非常礼貌地递上了意见簿，并微笑着说道："先生，请允许我再次向您表示真诚的歉意，无论您提出什么意见，我都欣然接受。"那位旅客听了并无表示，他接过意见簿，快速地写起来。

飞机落地以后，旅客都陆续下机了，乘务员找到意见簿，惊奇地发现，那位旅客在意见簿上写道："……你在整个航行途中表现出的真诚的歉意，特别是你的12次微笑，深深地打动了我，使我最终决定将投诉信改成了表扬信。你的服务非常优秀，如果下次有机会，希望还能乘坐你们的航班。"

分析：民航服务人员的微笑往往可以给旅客留下深刻的印象，微笑有着丰富的内涵：微笑是全世界共通的语言；微笑是一把神奇的钥匙，可以打开陌生人的心灵之门；真诚的微笑犹如最好的润滑剂，可以打破僵局，传递友好；真诚的微笑可以拉近与旅客的距离，展现民航服务人员的亲和力。

（资料来源：http://hz.edushi.com/bang/info/2-9-n3608891.html.）

眼睛是人心灵的窗口，人们丰富的内心世界往往透过眼睛来表达。在与旅客的目光接触中，注视对方的部位和时间也是有讲究的。

与旅客沟通时，一般用眼睛看着对方的双眼和额头中间的"上三角"区域，即公务注视。

有时，我们和有些人谈话感到舒服，而有些人则令我们不自在，这也与对方注视我们的时间长短有关。同性之间的交流，当一个人不诚实或心不在焉时，目光之间的接触往往不足全部谈话时间的 1/3。民航服务人员如想同旅客建立良好的沟通，在整个谈话时间里，目光的接触应达到 50%～70%，只有这样，才能得到旅客的信任或谅解。异性之间的交流，不可长时间注视对方，否则会使对方感到不舒服或紧张。

2. 手势

手势是指通过手的动作、姿势来表达信息、传递情感的非语言符号。民航服务人员在引导、指示方向、递接物品时都要求尽量五指并拢，掌心面向旅客，尽量双手递接。

手掌分掌心向上和掌心向下。前者会给人以诚实、谦逊；后者则会传达出支配、压制的信号，容易使人产生抵触情绪。

如果双臂紧紧交叉于胸前，一般会产生拒人千里的感觉，表达的是防御心理或傲慢的态度，而"握臂"或"局部臂交叉"的姿势，则会传达出内心局促或紧张的信号；双手叉腰有不耐烦、疲惫、强势、敌对之意。

3. 脚

脚是指通过脚的动作、姿势来表达信息、传递感情的非语言符号。脚的动作虽然不易察觉，但也可以透露出对方的心理状态。服务人员站立时应双腿并拢直立，行走时步伐不宜过大过急，坐下时，应双腿并拢，不宜跷二郎腿、脱鞋、抖腿等。

一般情况下，脚步沉稳有力，表示其沉着、稳重的性格；脚步轻快反映出内心的轻松和愉悦；脚步小而轻，表示了其谨慎和服从；脚步大而匆忙，反映出急躁、开朗；脚步沉重而拖沓，代表了疲惫和消极；喜欢一坐下来就跷二郎腿，则可能具有强烈的表现欲、自我、对抗、不拘小节等。

非语言沟通的形式丰富多样，除了本节介绍的内容外，还包括肩部、头部和综合体态等。

第三节　沟通的原则与技巧

民航服务人员的服务对象主要是旅客，这些旅客来自不同的国家或地区，有着不同的语言、职业、性格、文化水平、风俗习惯等。随着我国经济水平的不断提高、国际影响力的日益增强，机场作为我国对外的一个窗口，各个国家、民族汇聚的一个重要场所，如何为来自世界各地的旅客提供优质的服务，更好地满足不同旅客的需求，是民航服务人员必须面对的课题，掌握与旅客沟通的原则与技巧，是每个民航服务人员必备的能力素质之一。

一、沟通的原则

1. 敬人

在交往过程中要重视、尊敬对方。礼仪的本质是敬人。在单位尊重上级是一种天职，尊重同事是一种本分，尊重下级是一种美德，尊重所有人是一种修养。

2. 自律

在与人交往的过程中要经常检视自己的行为，提醒自己，自我约束，自我要求，自我反省，不能妄自尊大，口是心非。

3. 适度

沟通过程掌握分寸，适度适时得体。

4. 真诚

沟通要以诚待人，诚恳真切。

二、沟通的技巧

1. 良好的沟通从形象开始

民航服务人员干净、整洁、亲和、自信的职业形象在塑造良好职业形象的同时，也是双方进行良好沟通的基础。得体的形象表现出对旅客的尊重，也是获得旅客信任的重要条件，此外，得体的职业形象也会使民航服务人员精神饱满，充满自信。

2. 做好的倾听者

美国倾听方面的研究者迈克尔·普尔迪对900名大学生和军队学员进行了调查，总结了好的倾听者和差的倾听者的特征。对照表4-1的内容测试自己属于哪一类倾听者。

表4-1　两种倾听者特点

好的倾听者	差的倾听者
适当使用目光接触	打断讲话者（不耐烦）
对讲话者语言和非语言行为保持注意和警觉	不保持目光接触（眼神游离）
容忍且不打断（耐心等待讲话者讲完）	心烦意乱，不注意讲话者
使用语言和非语言表达来表示回应	对讲话者不感兴趣
用温和的语气提问	很少给讲话者反馈或没有反馈
解释、重申和概述讲话者所说的内容	改变主题
提供参考或建设性意见	马上做出判断
显示出对讲话者外貌的兴趣	自顾自地谈论
表现出愿意倾听的态度	经常抢先
不批评、不判断	给予不必要的忠告
敞开心扉	无暇顾忌和倾听

倾听不仅是耳朵听到相应声音的过程，还是一种情感活动，需要通过面部表情、肢体语言和话语的回应，向旅客传递一种信息——我很想听你说话、我尊重和关心你。

（1）鼓励旅客先开口并让其多说

首先，倾听旅客说话本身就是一种礼貌，民航服务人员愿意客观地考虑旅客的看法、尊重旅客的意见，有助于建立彼此接纳、融洽的关系；其次，旅客愿意表达和倾诉表示希望得到关注和重视，并且希望情况得到改善，在这种敞开心扉的谈话氛围中，降低了双方对峙的意味；最后，旅客先提出看法，民航服务人员就有机会在表达自己意见之前，掌握双方认同之处，这样更容易说服旅客，从而愿意接纳你的建议。

（2）适时地表示兴趣和赞同

倾听时，如果民航服务人员态度冷淡，旅客自然就不会敞开心扉；相反，如果倾听时态度友好、认真地听取旅客的意见，并适时回应，旅客就会因此感受到尊重和认同。这些肢体语言包括适时地点头或微笑、不时注意对方的眼睛、身体微前倾、手臂自然地相握放在腹部、两腿并拢下蹲或站立。偶尔地做出语言回应“是的”“我了解您的心情”“我明白”等。

（3）脑海回顾，整理重点

在与旅客交谈时，民航服务人员应认真倾听，整理出旅客讲话的重点。把注意力集中在这些重点和主要想法上面，针对这些重点给予旅客清晰的反馈。

3. 适时地赞美

真诚是原则，具体是真谛，准确是灵魂，及时是雨露。赞美别人的前提是善于发现他人的长处。每个人都有自己的长处，生活中其实不缺少美，缺少的是发现美的眼睛。要学会赞同和认可他人，关键要转变观念，在自己头脑中培养一种赞同的思想框架，成为一个自然而然地欣赏和认可他人的人。那我们该如何运用好“赞美”的艺术呢？

（1）赞美的运用

1）态度要真诚。虽然人人都喜欢听赞美的话，但并非任何赞美都能使他人高兴。能引起别人好感的只能是那些符合事实、发自内心、实事求是的赞美。真诚的赞美不但会使被赞者产生心理上的愉悦，还能让他人对你产生好感。

2）内容要具体。在日常生活中，人们取得突出成绩的时候并不多见。因此，交往中应从具体的时间入手，善于发现别人微小的长处，并不失时机地给予赞美。赞美用语越翔实具体，说明你对对方越了解，对它的优势和亮点越看重。让对方感到真挚和可信，从而产生亲近效应。

3）时机要恰当。第一时间送上赞美，赞美是有有效期的，过期作废。赞美别人要真诚而及时。当别人计划做一件有意义的事时，开头的赞扬能激励他下决心做出成绩，中间的赞扬有益于对方再接再厉，结尾的赞扬则可以肯定成绩，指出进一步的努力方向，从而达到“赞扬一个，激励一批”的效果。

4）对象要因人而异。人的素质有高低之分，年龄有长幼之别，也有男女之异。因人而异、突出个性、有特点的赞美，比一般的赞美能收到更好的效果。例如，对年轻人不妨稍微夸张地赞扬他的创造才能和开拓精神，并举出几点实例证明他的确能够前程似锦；对于经商的人，可称赞他头脑灵活，生财有道；对年长之人，可针对事件具体说明他表现出的行为和品质，产生的好的效果，赞扬应符合他的年龄和状态。

（2）赞美的技巧

1）寻找赞美点。赞美的前提是寻找赞美点。有时候想赞美他人，就是找不到赞美点，其实只要有一双善于发现美的眼睛，如肤色、仪态、服装搭配、化妆、兴趣爱好、特长、性格等都可以成为我们的赞美点。

2）间接赞美法。除了当面直接的赞美，背后的赞美更能让人愉悦和感受到真诚，因而背后赞美别人效果更好。另外，运用第三者赞美对方也更容易让人接受，如"听××讲过，你是一个顶尖销售人才""听小李讲，你在去年被评选上了年度风云人物，请你一定要多向我传授经验啊！"

3）希望赞美法。赞美你所希望对方做的一切。一般领导对下属常常使用这种方法。年长之人发表对青年人的鼓励和希望时也多使用这种赞美法。

赞美的力量是无穷的，它能改变一个人的自我评价，令人重拾信心，产生积极正面的力量，乃至改变人的一生。

以一流的服务著称于全球的美国西南航空公司，每次收到旅客的赞美信时，不但相关员工马上被嘉奖，同时公司会通过网站报道，让全体同仁都知道此事。这会让员工具有强烈的荣誉感，有效仿的榜样，形成积极向上的工作氛围，让服务更加理想。

课后训练

1. 练习

针对服务用语，在不同的语境下分析其使用是否合适。

（1）"欢迎登机。"一次航班延误，在登机过程中民航服务人员在登机门迎接旅客："您好，欢迎登机！"已经饱受等待煎熬的旅客没好气地回了一句："登机，登基，做皇帝呀！延误这么久！"

（2）"您想要什么？"在航班中进行餐饮服务时，乘务员会向旅客介绍："我们有红烧牛肉饭、宫保鸡丁饭，您要什么？""我要红烧牛肉饭。"这是一次程序化的服务。

（3）"请等一下。"餐饮服务后，用餐快的旅客希望乘务员马上清理餐桌。可惜乘务员没有三头六臂，在忙碌的同时基本会对旅客说："请等一下。"或者"请稍等。"听到这句话的客人多少会有些失落："等多久？10 分钟，还是半小时？下次用不用再提醒？"

（4）"您有事吗？"有一次客舱里的呼唤铃响起，乘务员对旅客说："您有事吗？""没事我按铃干什么？”这种问话会使双方都感到不愉快。

（5）“您小心点儿。”民航服务人员经常这样提醒旅客注意安全，但却容易忽略不同文化背景的旅客是否会接收到同样的关怀。曾有一名旅客告诉民航服务人员，“您小心点儿”在他听起来，可能会觉得这是一种威胁。这句话的语气不好掌握，容易引起误会。

2. 情景模拟

分组模拟民航服务人员与旅客进行爱好方面的交流，随机抽取两组学生在班级内分享，其他学生给予评价。

第五章　民航服务处理突发事件

学习目标

1. 了解和掌握民航服务过程中的一些突发事件。
2. 认识民航服务过程中突发事件对服务的影响。
3. 掌握民航服务人员对突发事件的积极应对措施。

学习内容

1. 突发事件的主要种类。
2. 突发事件后旅客的心理反应。
3. 民航服务员处理突发事件的程序。

素质要求

1. 知识：民航服务中的突发事件。
2. 能力：事件的理解能力，知识的应用能力，问题的分析能力。
3. 素养：责任，耐心。

测评方式

案例分析。

第一节　民航服务中突发事件的含义和特点

一、民航服务中的突发事件的含义

（一）突发事件的含义

“突发”，即突如其来，出乎人们意料所发生的。《辞海》将“事件”解释为历史上或社会上发生的大事情[①]。

根据《辞海》给出的定义，学者从不同维度对突发事件作出了不同的分析，他们对突发事件也有不同的划分标准。一些学者从广义和狭义的维度对突发事件进行划分[②]。而一些学者从作用力或者其诱发因素的维度对突发事件进行划分，将其划分为两个部分：一是自然因素，包括地震、洪水、台风、泥石流等；二是人为因素，包括火灾、重大突发公共事故、生产事故、恐怖袭击、核泄漏等[③]。还有一部分学者从公共管理角度出发，将突发事件划分为政治类突发事件、经济类突发事件、社会性突发事件、生产类突发事件、自然类突发事件[④]。

2006年1月8日，国务院发布《国家突发公共事件总体应急预案》，首次对突发事件作出了定义：突然发生，造成或可能造成重大人员伤亡、财产损失、生态环境破坏和严重社会危害，危及公共安全的紧急事件。并将突发公共事件分为自然灾害、事故灾害、公共卫生事件、社会安全事件四大类，各类突发公共事件按照影响范围等因素，分为四大等级：Ⅰ级（特别重大突发公共事件）、Ⅱ级（重大突发公共事件）、Ⅲ级（较大突发公共事件）、Ⅳ级（一般突发公共事件）[⑤]。

2007年8月30日通过，2007年11月起施行《中华人民共和国突发事件应对法》。该法将突发事件的定义进一步固定化、具体化。该法将突发事件定义为突然发生的，造成或可能造成重大人员伤亡、财产损失、生态环境破坏和严重社会危害，需要采取应急处置措施予以应对的自然灾害、事故灾害、公共卫生事件和社会安全事件[⑥]。这一规定基本概括了人们对于突发事件的普遍认识，得到了社会各界的普遍认同，也是本文对突发事件的定义。

（二）民航突发事件的含义

民航突发事件是指在民用航空领域中，在一定的地理区域内突然发生的、规模较大且对社会产生负面影响的、对人民群众生命和财产构成严重威胁的事件和灾难[⑦]。2000年发生在我国武汉的“6·22”空难，2001 年发生在美国的“9·11”恐怖袭击事件等都是民航史上典型的突发事件。

---

① 朱力，韩勇，乔晓征．我国重大突发事件解析[M]．南京：南京大学出版社，2009：2.

② 王来华，陈月生．论群体性突发事件的基本含义、特征和类型[J]．理论与现代化，2006（5）：80-84.

③ 曾婕，石长顺，黄正谋，等．重大突发公共事件中的广播电视舆论引导能力研究[M]．武汉：湖北人民出版社，2010.

④ 贺文发．突发事件与对外报道[M]．北京：中国传媒大学出版社，2008：8.

⑤ 国务院．国家突发公共事件总体应急预案[EB/OL].(2006-01-08)[2017-10-31].http://www.china.com.cn/chinese/law/1086058.htm.

⑥ 第十届全国人民代表大会常务委员会第二十九次会议．中华人民共和国突发事件应对法（主席令第六十九号）[EB/OL].(2007-08-30)[2017-10-31]. http://www.gov.cn/flfg/2007-08/30/ content_732593.htm.

⑦ 李蔚然．基于突发事件的大学生思想政治教育研究[D]．北京：中国地质大学，2013.

自从莱特兄弟首次飞行以来，航空飞行器以惊人的速度在发展。然而，每次新飞机、新系统的投入使用，都会出现许多意想不到的安全问题，这是航空器的特点所导致的结果。

从结构上来看，航空飞行器包括机身、机翼、尾翼、起落架、动力装置、机载设备、燃油系统、电力系统、操纵系统等复杂的结构，涉及的零部件成百上千。从管理上来看，航空安全管理不仅包括航空飞行器在设计、制造过程中的安全管理，还包括飞行过程中的地面设施、保障系统、空中交通、通信联络等的安全管理，每一个方面都需要严格的管理来保障安全。更重要的是，航空安全还涉及人的不安全行为。有数据显示，70%以上的航空事故都是由人为因素造成的，人为因素成为构成航空事故的重要原因[①]。

因此，从广义上讲，民航突发事件是指在民航系统正常工作之外或者在其认识范围之外突然发生的、具有损伤性或潜在危害性的一切事件[②]，即在民航公共领域发生的所有不安全事件。民航突发事件分为人为事故事件、机械事故事件、自然灾害事件、安全管理事件四大类，对于民航突发事件，一般从其事件自身方面考虑，依据以下的内容进行分级。

1）影响范围，包括事故发生地的环境、灾害面积、城市规模和人员密集度等。

2）危害损失严重程度，包括伤亡受困人数、飞机的设备损坏程度等。

3）事件发生的条件要素，包括天气状况、交通便利程度、信息畅通程度、发生时间、事件持续时间。

4）认知程度，包括技术成熟度、预案完备度、应急能力等。

5）资源保障情况，主要是指救援资源的保障程度。

6）事件性质，主要是指事件的责任性、不可抗力、非法破坏、恐怖活动等。

相关部门及其相关人员需要根据民航突发事件的不同级别采取不同的应对策略，因为这些事件不仅会被媒体大肆宣扬，也会为整个民航业安全带来一些潜在的威胁，并且会在消费者中引起恐慌，留下短时间难以恢复的心理阴影。

（三）民航服务中的突发事件的定义

综上所述，本书将民航服务中的突发事件定义为旅客从购买机票开始到办理乘机手续再到候机、登机、乘机直至旅客完成空中旅行离开飞机而实现空间位移愿望的整个过程中，突然发生的，造成或可能造成人员伤亡、财产损失的事件。

---

① 王悦．政府应急管理能力建设若干关键问题研究：以民航突发公共事件应急管理为例[D]．西安：西北大学，2014．

② 刘小平．航班延误情境下旅客群体性突发事件致因机理及预警机制研究[D]．武汉：武汉理工大学，2013．

二、民航服务中突发事件的特点

（一）突发事件的特点

1. 突发性

突发事件的突发性是指事件是否发生，于什么时间、什么地点、以什么样的方式爆发，以及爆发的程度等情况，都是始料未及的，难以准确地把握[①]。一般来说，事物的发展总是有一个从量变逐渐过渡到质变的过程，这个过程是具有可知性的必然趋势的。但是突发事件从量变到质变的过程是具有特殊性的，这种特殊性集中体现在它的爆发式的飞跃过程，即突发性。而人们认识客观事物也是一个渐进的过程，突发事件的发生和人们的意识之间有一段空白，即突发事件往往发生在人们意识的空白之处。诱发突发事件的契机是偶然的，突发事件便是通过偶然的契机，以偶然的形式突然发生，无章可循，令人难以预料、措手不及[②]。

2. 公共性

首先，突发事件的公共性体现在该事件涉及公共利益，即对公共财产或福利、公共安全、公共秩序产生影响，这种影响通常是消极的、负面的。公共利益与私人利益最直观的区别就在于地域和对象的广泛性[③]。因此，虽然有些事件也引起了社会公众包括媒体的很大关注，但是因为事件直接指向的主要是特定的私人权益，而非公共权益，所以也不能算作突发事件。另外，有一些紧急事件虽然也是公共行政管理或服务的范围（如一般的市民应急求助），但是因为这些事件影响范围较小、程度较轻，主要涉及的也是私人的利益，一般的行政措施便能处理，不需要启动应急机制，因此也不适宜将此类事件列入突发事件的范畴。其次，突发事件的公共性还体现在应对和处置突发事件往往需要调动和整合全社会的人力、物力、信息等公共资源和力量，这不仅意味着行政系统内部不同部门之间的协调和配合，同时意味着政府与社会组织及公民个人的合作和沟通。最后，突发事件的公共性还体现在公共权力介入的可能性和必要性上。正是因为突发事件涉及公共利益并需要公共资源和社会力量公共应对，才需要公共权力的介入，这种公共权力的主体主要是但不限于国家和政府，还包括其他社会组织甚至公民个人。

---

① 赵颖. 突发事件应对法治研究[D]. 北京：中国政法大学，2006.

② 参见孙崇勇，秦启文. 突发事件的两个基本理论问题探讨[J]. 西南师范大学学报：人文社科版，2005，31（2）：50-53.

③ 应松年.突发公共事件：应急处理法律制度研究[M]. 北京：国家行政学院出版社，2004：18.

3. 危害的严重性

不论什么性质和规模的突发事件，都必然不同程度地给国家造成政治、经济、文化等方面的损失。不带来任何损失和破坏的事件不能称之为突发事件。从这个角度而言，凡是突发事件都是负面事件。而且，由于突发事件的公共性，其危害性或胁迫性是广泛的、严重的或者是例外的。突发事件造成的损害有直接损害和间接损害。这种损害性不仅体现在人员的伤亡、组织的消失、财产的损失和环境的破坏上，还体现在突发事件对社会心理和个人心理所造成的破坏性冲击上，并且进而渗透到社会生活的各个层面。以“汶川大地震”为例，突如其来的巨大破坏不仅影响了人们正常的工作、生活和学习，还夺取了无数人的生命，使社会公众的心理层面上产生普遍的恐慌、不安全感。如果此时政府不作为，就会导致公众对政府管理社会的能力及其管理体制和方式产生怀疑，对政府形象造成损害，则其消极作用和影响更甚。因此，任何政府都力求在可能的范围内，最大限度地控制突发事件的发生、发展，并且将其损害尽可能地降到最低限度。

4. 发展的不确定性

不确定性除了指突发事件的发生不确定或具有突发性外，主要是指事件的发展的不确定性，事件的后果及其严重程度的不确定性。同任何事情一样，突发事件也有一个发生、发展、变化的动态过程。突发事件发生后，事态的变化、发展趋势及事件影响的深度和广度也不能事先描述和确定，这些都是难以预测的，特别是在当今全球化和信息化的世界里，这种连锁反应所带来的一个直接后果就是突发事件变得复杂化，已经超出纯粹的经济、纯粹的政治和纯粹的文化话题，而是变成一种含有多项内容的综合性社会危机。突发事件的这种特点增加了人们处理突发事件的难度。

5. 处置的紧迫性

紧迫性是指突发事件所反映的问题极端重要，关系社会、组织或个人的安危，需要紧急采取特别措施及时有效地处理。因为随着突发事件的发展、演变，它所造成的损失可能会越来越大。因此，对突发事件的反应越快、反应决策越准确，突发事件所造成的损失就会越小。所以，在突发事件中，时间非常紧迫，对时间的把握很大程度上决定了突发事件管理的有效性。

（二）民航突发事件的特点

民航突发事件除了具有突发事件所共同的特点之外，还具有目的性、复杂性。

1. 目的性

目的性是指民航突发事件是某些不法分子为自己或某些团体谋求利益的一种方式。民用航空飞行器本身是用来安全运送旅客和货物的，但是也难以保证所有的人都为达到此目的而努力，因为总有不法分子会为了自己或某团体的利益而不顾他人的安危或利益去做一些极端、违法的事情。

2. 复杂性

飞机本身是一个构造复杂而又精密的机器，这使整个飞行工作的过程和程序也比较复杂，飞行中的每一环都紧密相连，稍微有一点差错就可能引发严重的突发事件。同时，天气和气候条件对飞机飞行的影响特别大，正常飞行对天气和气候的要求都比较高，稍微不稳定就不能正常飞行。除了飞机本身、天气和气候因素，这样一个庞大而又复杂的系统还会受到很多因素的影响。其中，人为因素引发的意外事故主要是旅客方面的主观因素。人为因素、机械因素、环境因素及安全管理因素单一作用或共同作用引发了民航突发事件，而这些因素交织在一起，便决定了民航突发事件的复杂性。

（三）民航服务中的突发事件的特点

民航服务中的突发事件除了有突发性、危害的严重性、发展的不确定性、处置的紧迫性之外，还具有主观性。主观性是指某些突发事件的发生是人的主观判断导致的，尤其是当旅客有民航服务人员态度不好、清洁不卫生等主观判断时就容易引发旅客辱骂、殴打民航服务人员等突发事件。

第二节　民航服务中突发事件的分类及其处理

一、航班延误与取消及其处理

（一）航班延误与取消的概念

1929 年 10 月，法国、瑞典、波兰等国家在华沙签订了《华沙公约》，这是国际上最早对“航班延误”一词给出解释的文件。该公约第 19 条规定：航空公司对旅客或货物在空运过程中由于航空公司未按时到达所造成的损失应进行赔偿。该公约首次从法律的角度规定了航空公司有义务把旅客按时运送到目的地，否则便构成违约。

民航服务中突发事件的种类

《华沙公约》的思想影响着我国航空界对航班延误的概念的观点，我国学者更多的是认为航班延误应该是指在整个航空运输期间的延误。曹三明（著有《民用航空法释义》）和夏兴华（中国民用机场协会原理事长）认为航班延误是指航空公司未能按照运输合同上约定的时间将旅客运送到目的地，约定的时间是指航空公司机票上注明的抵达目的地的时间。赵维田认为《华沙公约》标注的延误，不仅仅是航班到达目的地意义上引发的延误，而是指旅客所合理期望的约定时间的期限。贺元骅认为“不合理时间内”是航空公司延误责任的构成要件之一[①]。董念清认为航班延误是指航空公司在空运过程中没有按时完成该项任务，而是增加了额外的时间[②]。在以上学者理解的基础之上，许凌洁认为航班延误是指在运输的过程中，航空公司没有按照约定时间将旅客和货物抵达目的地[③]。胡超容认为延误由三个基本要素构成：一是超过正常的离站时间；二是超过合理地到达目的地的时间；三是超过正常的离站时间或合理到达目的地的时间为 4 小时以上。航班延误是指航空运输中，航空公司运送旅客所花费的时间超过了一般情况下、正常的预定的离站时间 4 小时（含 4 小时）以上；或超过了一般情况下、合理地迅速地将旅客运到最后目的地，完成该项运输所需要的时间为 4 小时以上的状态[④]。综上所述，有关学者将航班延误的特指“超过了合理时间”作为其内涵的精髓，但目前对航班延误的定义还是各有自己的理解，对航班延误在不同环境、不同专业、不同部门给予不同的概念界定。仅从学术研究的角度来看，航班延误是指在航空运输过程中，航空公司运送旅客、行李或者货物至目的地所花费的时间超过了票面约定时间 4 小时（含 4 小时）以上。

（二）航班延误与取消的原因

航班延误是一个世界性的难题，也是一个极其复杂的过程，民航出行的首要出发点是保证旅客行程的顺利，所以飞机必须要在满足相应的天气、空中交通管制、空管安全等条件下才能够起飞和降落，假如其中某一个节点出现了问题，就会导致航班延误。随着我国经济的发展，我国民航运输业快速发展的同时，航空公司运力的不足及天气、空中交通管制、空管安全等原因导致航班延误时常发生。随着民航运输事业的迅速发展，我国航班正常率水平表现为逐渐减小。造成航班延误的原因主要有航班数量急剧增加、天气、空中交通管制、旅客自身以及其他因素。

1. 航班数量急剧增加

改革开放以来，随着市场经济的迅速发展，各大航空公司的规模不断扩大，航班的数量

① 贺元骅．不可抗力与航空承运人延误责任：以“全日空”两起延误案为例[J]．社会科学研究，2003（6）：82-84．
② 董念清．对我国航空旅客运输相关法律问题的思考[J]．中国民用航空，2006（2）：45-48．
③ 许凌洁．《航班延误经济补偿指导意见》的法律分析[J]．攀枝花学院学报：综合版，2006，23（1）：22-26．
④ 胡超容．试析航班延误的法学概念[J]．甘肃政法学院学报，2006（6）：84-86．

急剧增加，中国民用航空局（以下简称“民航局”）2016 年 5 月 30 日发布《2015 年民航行业发展统计公报》。公报显示，2015 年，全行业完成运输总周转量 851.65 亿吨公里，比 2014 年增长 13.8%，如图 5-1 所示。2015 年，全行业完成旅客运输量 43 618 万人次，比 2014 年增长 11.3%，如图 5-2 所示[①]。

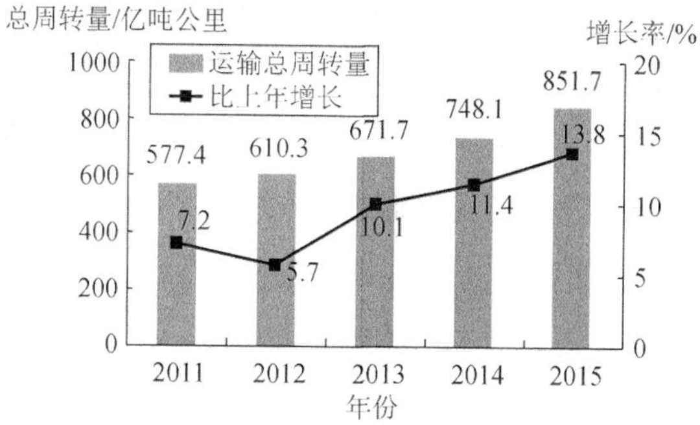

图 5-1　2011～2015 年民航运输总周转量

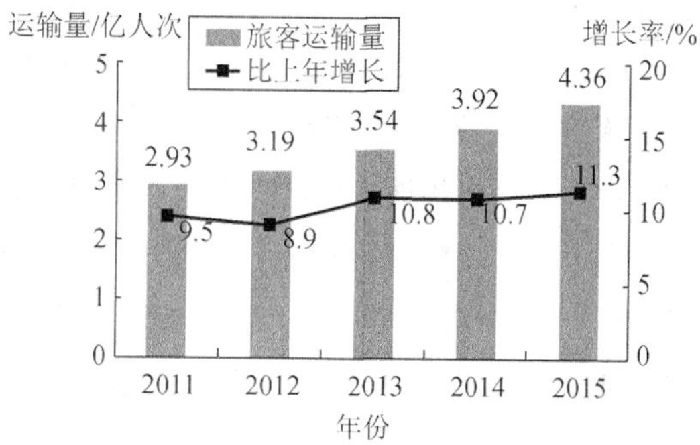

图 5-2　2011～2015 年民航旅客运输量

2. 天气

天气是造成航班延误的一个重要原因，真正影响航班运行的天气原因包括台风、强对流（雷雨、大风、冰雹）、强降水（强降雨、强降雪）、大雾或飓风。实际上，真正因为天气原因而导致航班延误的数量只占航班延误总量的 1/4～1/3，由于天气属于不可抗力，所以有时非天气原因所造成的航班延误往往也会被有关部门习惯性地划入到天气原因。只有在充分确保飞行安全，符合起飞、飞行、降落的天气标准的条件下，飞机才能正常起飞。天气原因涵盖了以下多种情况：飞机起飞地的机场天气出现异常，不能满足飞机起飞的基本条件之外，飞机飞抵目的地的机场如果出现异常的天气情况，或者飞机在飞行过程中的航线出现极端天

① 吴起龙．民航局：2015 年民航完成旅客运输量超 4.3 亿人次[EB/OL].(2016-05-30)[2017-10-31].http://finance.china.com.cn/news/20160530/3746062.shtml.

气，不能满足飞机飞行的基本条件，都会导致航班延误。在实践中，如果仅仅是飞机飞行航线过程中出现了异常天气，在必要的条件下，飞机可以选择绕过异常天气区域飞抵目的地。当然，飞机的型号差异导致对天气的要求出现不一致，有的飞机性能良好，抵抗外部天气的能力强，在同样的天气标准中，性能好的飞机可以优先运行。而有的飞机型号对天气的要求标准非常苛刻，必须在满足一定的条件时才能起飞，所以有时会出现同样是飞往某个目的地，有的航班可以起飞，而有的航班继续等待的情况。现实生活中，由于个体的差异，每个航空公司的具体执行也存在不同，各个航班的机长按照天气的发展状况做出的决定也会出现不一样的情况。所以，在保证旅客安全运输的前提下，飞机起飞和降落必须满足一系列严格的标准程序。

3. 空中交通管制

空中交通管制（air traffic control，ATC）是在技术手段的基础上对飞行进行控制和监视，飞行航线的空域被划分为不同的管理空域，包括进近管理区、飞行情报管理区、航路、等待空域管理区、塔台管理区等，并按情况与管理区的范围选择使用不同的雷达设备对飞机进行管制，以保证有秩序的飞行和飞行安全①。空管系统为每架飞机构建了一个无缝隙的安全保护网，从起飞机场到空中航路，再到目的地机场，飞机就是在管制员一次次交接“护送”中安全到达目的地的，就如同接力赛跑，接力棒在运动员手中一级级地被传递下去，直到终点。由此可见，飞机必须在限定的空域内飞行，同时在飞行过程中还要接受地面管制员的指挥安排，遇到航路拥堵时，就需要进行流量控制。目前，我国空域的使用权由空军管辖，民航仅能在空军允许活动范围之内的有限空间内使用，并且民航的经营活动随时都在空军的管辖范围之内。我国的民航空域资源配置仅占两成，并且在军事意义不大的偏远地区，政府划定了禁飞区，因为雷达系统和其他的基础设施不足，无法保障飞行安全。而且，我国的空域领域范围仅仅占整个空域的20%左右，其中可以使用的绝大多数集中在市场经济发达的东部地区，西部欠发达地区的空域使用量有限。如果不从根本上解决空域资源紧张的问题，大量航班的延误现象将很难得到根治。除此之外，军方的活动也会对民航的正常运行产生影响，如果某一个空域领域要进行演习，演习周围的空域范围就会被禁止飞行。由于空域范围的制定来源于国家战略，所以空中演习活动有时会非常紧急，航空公司此时也并不知道其中的原委，只能将空中管制比较笼统的原因解释给旅客，时间久了，旅客也会认为是航空公司是在故意拖延，造成双方矛盾不断。所以，空域紧张已成为目前我国航班延误的主要原因。

① 缪旭明，李泽椿，田浩. 关于突发事件预警级别划分标准及对策的研究[J]. 中国应急管理，2011（2）：33-36.

4. 旅客自身

造成航班延误的因素有多种，值得重视的是，一些旅客自身的原因成了航班延误“新的增长点”。由于生活水平的提高和机票价格的下降，选择民航作为出行交通工具的人越来越多，使民航旅客的构成更加复杂，几乎包括了社会的各个阶层，旅客构成的复杂在一定程度上增加了突发事件的发生风险。据统计，因旅客自身原因导致的航班延误比例占不正常航班的 3%，与因飞机故障造成的延误数量相差无几。比较常见的情形有旅客在航班办理登机手续截止时间之后才赶到；旅客不熟悉民航的登机程序；旅客在运输途中遇到转机等情况时，由于自身原因终止运输活动，并没有通知航班公司；部分旅客的法律意识不强，谎报险情，如谎报飞机上有爆炸物品等，在保证旅客绝对安全的情况下，航空公司往往会终止飞行，依法对飞机进行检查，排除隐患；还有的旅客证件不符或者携带违禁物品；旅客办完乘机手续后到候机楼内接打电话、用餐等，不注意听登记广播；通知上飞机时旅客不辞而别；国际中转航班在办理出入境手续时由于旅客证件等问题耽误时间等。航班延误发生后，在舆论报道中常见情绪失控的旅客与民航服务人员发生肢体冲突、毁坏办公用品、阻塞安检口等极端事例，这也在一定程度上反映了部分旅客法律意识淡薄，自身素质还需要提高。导致航班延误的旅客的主要表现为看问题简单化，容易主观和片面，自我意识不成熟，缺乏理性，自我期待值偏高等，这些都是引起航班延误的不可忽视的因素。

5. 其他因素

造成航班延误的原因是多方面的，在天气原因、交通管制原因、旅客自身原因之外，机场后勤保障部门对于飞行的例行检查、食品供应、地面事故处理、燃油保障等各项工作也会在一定程度上造成航班延误。

（三）航班延误与取消时旅客的心理

中国民航局原局长李家祥曾亲自化解过旅客与乘务人员发生的争执。那是一趟国航由北京飞往巴黎的航班，一位旅客因飞机晚点起飞 25 分钟而责问乘务人员，而乘务人员则反复解释晚点起飞是飞机晚点到造成的。她越解释，那名旅客越生气。见此情况，李家祥对那名乘务员说：“你不用再解释了，你现在要做的工作是告诉机长争取尽快起飞，并在航程中争取把延误的时间赶回来。”那名乘务员立刻拿起传声器把这两条告诉了机长，旅客的情绪马上缓解了。其实那名乘务员不明白的是那位旅客当时需要的不是她的解释，而是机组需要采取的补救措施，那就是立刻成行，争取时间[①]。

① 李家祥．大道相通[M]．北京：机械工业出版社，2008：108.

由此可见，航班延误后，知道旅客的需求才是化解旅客不满情绪的根本。在旅客的角度，当通过安检来到登机口等候航班时，心里肯定是希望航班能够准时起飞的，情绪是平静的。此时若是航班延误了，心理需求得不到满足，很容易失去平静的情绪，产生情绪波动，情绪的激烈程度与延迟的时间成正比。时间越长，情绪波动越大，更加难以被安抚。因为航班延误，影响出行计划，需要无法被满足，自然会急躁。另外，旅客行程的重要性越强，航班延误后就会越急躁，这将导致他们用对立消极的情绪面对民航服务人员。急躁还会从心理上导致时间上的错觉，增加时间的延长感，加重情绪波动。延误时间也会导致其他问题，如乘客餐饮、休息、电话等其他需要，会对服务提出更高的要求。

1. 自我尊重及被人尊重的心理

在服务的过程中，当旅客需求得不到满足或自我感觉受到伤害时，维护自尊意愿占到上风，外在表现为提出抗议及要求，从而感受到获得尊重的心理。

那么，首先，民航服务人员要及时与旅客沟通，否则航班延误后，旅客就会感到茫然，同时感到不被重视。其次，民航服务人员要有良好积极的态度，让旅客有知情权。

所以，民航服务人员在面对航班延误的状况发生时，能得到被延误旅客谅解的最有效的方法就是采取各种有效途径尽快将事情发生的原因及其处理方法进行通报，让旅客感觉得到了重视，心理上得到了尊重，否则在本就焦虑的心情下，民航服务人员还什么都不知情，旅客肯定会对此服务感到不满意。当然，在这种情况下，民航服务人员的解释工作也极为重要，要做到有效的解释，征求旅客的理解也很重要。

2. 及时获得信息的心理

在及时获得信息这方面，旅客最关心的是与此旅行全程相关的及时、准确的信息。从该航班的时刻、机型、票价开始，他们要的是确认所乘航班机票的相关信息，合适的前往机场的具体时间，与该航班相关的实时信息，特殊服务的提前确认信息，如特殊餐食、轮椅或者担架，到达目的地后当地的天气情况等与这次出行相关的各种各样的信息，让他们能够提前做出合理、自由、舒适的旅行安排。特别是在航班延误的情况下，是否能够提供主动告知及方便接受问询的服务，包含导致航班延误的各种诱因、预估能够起飞的大致时间及提供给旅客的可候机方案等，将非常显著地影响旅客的心理状态。

旅客的信息需求导致他们会采取各种方法渠道去了解当前航班的各种情况。实际服务过程中应该重视旅客信息需求，减轻航班延误导致的情绪波动。从渠道上来讲，可以通过以下渠道获取当前航班情况。

（1）按来源可分为正式及非正式信息

正式信息是指旅客可通过民航官方明文规定途径取得的信息，如航班时刻表、机场候机楼内分布的乘机流程图、机舱内部的安全须知。很多服务规定是通过该渠道传达给旅客的，效果一流，不过交流略差。非正式信息是指除了正式渠道外的信息来源，交互很快但是不一定准确，如小道消息。例如，航班不正常后机场广播没有播报相关信息并且无相应人员的解释，旅客就会猜测导致航班延误的可能的原因，引发其他旅客情绪的波动。因此，在服务的过程中，要彻底发挥正式信息和非正式信息各自的优点，避免其缺点的发生，只有这样才能使旅客明白航班延误的原因，进而获得他们对航班延误事实的谅解。

（2）按传播介质可分为口头、书面及电子传递

日常服务中，口头和书面传递的效果各有优点。口头传递的优点是灵活、容易理解；书面传递的优点是准确、易保存及可反复读取；电子传递优点是传播快、范围广，非常适合时效性短的信息传递。具体情况不同，侧重不一致的情况应按照各自的优点选择合适的传播介质。

旅客心理需要突出表现在信息需求，这是由旅客选择航线出行的目的和航空行业自身的性质因素得出的。大部分旅客是由于公务、商务、旅游和探亲等目的而购买的飞机票，因此对出行的时间性要求强，目的准确，航班一旦延误就会造成损失，影响出行的计划。同时，对航空行业的自身性质来说，飞机容易遭受各种来自于天气等条件的强烈影响，且对航班造成的影响次数频繁。所以，旅客对信息需求要求非常高，心理需求强烈。

3. 主观发泄的心理

当旅客认为自己的利益受到损害时，情绪就会发生波动，并想要通过发泄不满来释放情绪，他们除了抱怨、发生争执之外，还会通过投诉的方式来发泄内心的不满情绪，以此来获得心理的平衡。那么，民航服务人员这时主动地站出来与旅客进行及时的沟通，并且分析旅客的不同需求就显得尤为重要了。如果民航服务人员放任旅客一味地盲目苦等，旅客的心理的不满得不到发泄，那么很容易在心理上累积对该民航公司的服务不满的情绪，甚至出现打砸柜台和伤害民航服务人员的行为，以求来发泄心中的不满情绪，并以此极端的方式来引起多方的重视。

4. 获得补偿的心理

随着文明社会的法制发展，维权意识日渐深入人心。旅客一旦认为自己的权益受到了损害，就会依据相关部门的赔偿条款提出赔偿的要求。尤其是在航班延误时，就会有旅客提出赔偿的诉求，如提供舒适的候机环境、提供良好的食宿和获得现金补偿等诉求。

人们在面对事物时必然有一定的心理预期，这种预期就是导致行为的驱动力。

（1）期待愉快的过程

旅客期望处理过程整体顺利，且感受到诚意，觉得满意。若处理的过程拖沓缓慢，则会认为他们未受到尊重，因此不会信任处理的结果。

（2）期待良好的结果

旅客期望结果或赔偿能最大可能地弥补其产生的损失。结果的形式是多种多样的，包括货币赔付、折扣票款、升舱、正式道歉等。

按照民航总局的相关要求，航空公司需要为旅客在正餐时间配给饮食。所以，航空公司应该为受航班延误的旅客配给餐饮。而对于部分不满足条件的旅客，从运营及顾及民航公司形象考虑出发，也应该给他们配餐。制定相应的处置策略时，航空公司应该分析旅客的关注点，在兼顾到运营成本的基础上，尽可能地满足旅客的合理要求。但是，一味地现金补偿并不能解决问题，当很多的旅客以为闹得越久闹得越厉害就可以获得更多的现金补偿，民航公司为了尽快处理此事，只能用现金补偿他们以此息事宁人时，就会有更多的旅客认为这种赔偿是没有标准的而且是容易得到的，久而久之，民航的服务就没有章法可言了。

5. 及时成行的心理

旅客购买机票的目的就是从 A 地到 B 地，然而航班延误就会导致他们后续的计划需要进行临时的调整，旅客心理的焦虑是可想而知的。因此，在遇到航班延误的情况下，旅客也可能会选择换乘其他交通工具或者选择退改签机票。

便捷的航班退改签也是弥补旅客不满心理的一种手段，即民航公司或者旅客申请变更机票上所规定的承运人必须履行的变更手续，如果按照最先提出申请变更的人来分，可分为旅客自愿和非自愿两种签转方式。在每一次飞行的旅途中，旅客和航空公司都是抱着同样的期待，即希望航班能够尽可能地按照原定计划执行。在出现航班延误时若是民航公司的责任导致，如存在调度不均、安排不当等原因，同时其他的条件均满足飞行，则需要航空公司重视旅客的诉求，负责地将满足相应条款的旅客签转至同类航班。

满足相应条款是指满足旅客购买的机票没有“不得签转”条款所约定的如气候及流控导致的航班不规律，航路、始发及目的地机场飞行条件无法达到，即使签转也将会导致旅行延期等各种情况。

（四）航班延误与取消时民航服务人员的处理

事实上，由于飞机构成的复杂性和天气等因素变化的不可控性，航班延误是很难避免的事情。然而，面对这些经常出现的情境，民航公司和民航服务人员的处置效果却不理想，往往会引发旅客的不满甚至是过激的行为。

1. 满足旅客知情权的需求

旅客前往机场之前，航空公司可能已经做出了航班取消或者延误的决定，但是因为旅客没有得到具体信息，担心不按时到达机场就会错过航班，因此按预定时间甚至提前前往机场，最后无奈滞留。发生的可能原因：一是机票销售代理人未向航空公司提供旅客本人的准确联系方式；二是旅客自身在购买机票时没有向航空公司提供真实的联系方式（或者境外旅客没有大陆的联系方式）；三是虽然旅客提供了准确的联系方式，但是航空公司或者机票销售代理人未及时通知旅客飞机延误的具体信息。

因此，民航公司应该满足旅客知情权的需求。航班延误信息的公布应该及时和透明。而从目前来看，民航公司的信息发布往往比较滞后且简单。一般仅仅是用机场的显示屏和机场广播告知旅客，有时甚至还会因为信息更新的不及时，导致旅客不知道何时才能登机。结果旅客只能在机场候机室被动地等待消息的更新，不能及时地对自己后续的安排进行调整。因此，民航公司应该加强与机场的协作，及时派出民航服务人员与旅客沟通，大力宣传民航相关知识，如各种延误原因对飞行安全的影响、民航公司的责任与义务等，同时还需要民航服务人员通过短信、电话等方式，第一时间告诉旅客航班信息，让旅客在出行时有安全感。旅客最应该被提供的一项服务是航班实时动态信息的通知服务。试想，本来旅客因为航班延误就已经感觉自己的行程会受到不同程度地影响，如果这时，民航服务人员不能诚实地说明航班延误的原因，那么旅客对这家民航公司的印象就会大打折扣。因为，他们觉得自己连最基本的航班延误后的知情权都无法被满足，他们甚至就会怀疑民航公司是否还有别的事情瞒着大家。所以，不论任何原因导致的航班延误，民航公司都应该把航班延误的相关信息及时而准确地传达给旅客，如果有预计起飞时间也应该要及时地告知旅客。

2. 提高民航服务人员的服务意识

民航重组、航权加快开放步伐、高铁发展和高速公路的不断建设等，使运输市场的竞争日益激烈，民航公司想要在这种激烈的大环境下提高自身的市场占有率，就必须以旅客需求为出发点，做好每一个服务的细节，让每一个民航服务人员都要有竞争意识和服务意识，才能更好地为旅客服务。在危机公关中，民航服务人员切忌对旅客不理不睬或者是态度恶劣。航班延误便是考验民航公司处理危机时的应对能力的一种状况，这对民航服务人员的应急处置能力提出了很高的要求，因为他们代表了该民航公司的形象。所以，对于民航公司来说，民航服务人员的服务意识和服务方式对于旅客来说尤为的重要。

如果在航班延误后，民航服务人员不能及时到现场为旅客做解释工作，或者到了现场后却是带有一种敷衍的态度时，旅客就会认为不被尊重，就会使旅客本就因航班延误而焦虑的心情雪上加霜。如果民航公司和民航服务人员还不能意识到这一点，忽略航班延误后的服务质量，终究会失去这个市场份额。俗话说“和气生财”，如果这时民航服务人员能提供良好的服务，就可以对旅客的情绪进行有效的安抚，化解或减小因航班延误而造成的恶劣影响。

3. 根据不同的航班延误原因，注重旅客最需要的服务

陈沁郁曾对不同的航班延误原因下的旅客的需求排序做了调查[①]。

1）飞机晚到延误时，旅客的需求排序：知道飞机预计起飞时间；及时沟通；良好的服务态度；知道航班延误原因；便捷地退改签。

2）机械故障延误时，旅客的需求排序：知道飞机预计起飞时间；及时沟通；良好的服务态度；知道航班延误原因；便捷地退改签。

3）流量控制延误时，旅客的需求排序：知道飞机预计起飞时间；及时沟通；良好的服务态度；知道航班延误原因；便捷地退改签。

4）天气原因延误时，旅客的需求排序：及时沟通；良好的服务态度；知道飞机预计起飞时间；知道航班延误原因；便捷地退改签。

由此可见，旅客在面对不同航班延误原因时对需求的排序也不一样，因此，民航公司和民航服务人员应针对旅客不同的需求排序而重点服务，才能有利于民航服务人员集中精力提供服务，降低民航公司的必要成本。否则，耗费大量的人力、物力和财力提供无效的服务反而不能满足旅客的真正需求。

4. 加强航班延误知识宣传

民航公司和民航服务人员在平时的宣传中，应该注重告知旅客航班延误原因的宣传，购票时告知旅客拥有的权利和义务，在媒体上或者在旅客到达机场候机时加强宣传力度，让旅客清楚在不同情况下自己的权利和义务，民航服务人员不要等到特殊情况发生了再去宣传和解释，那时，旅客已经听不进去，宣传和解释的效果就会大打折扣。一旦旅客认为自己被忽悠了，就会开始质疑民航公司的信誉，容易情绪激动，对之后民航服务人员的解释工作就增加了难度，本可简单处理的问题变得复杂了。如果旅客事先知道航班延误的具体信息，知道民航公司能提供的服务和其自身能够做的准备工作，那对于民航服务人员来说，解释的工作开展起来就会比较顺利。

除了民航延误知识的宣传之外，还应该宣传通过过激行为扰乱航空秩序的旅客会得到怎

① 陈沁郁．基于旅客需求的航班延误的服务补救措施研究[D]．成都：西南财经大学，2014．

样的处罚。否则，很多的旅客会自以为是在高调维权，殊不知自己已经触犯了法律，如霸占航空器、殴打服务人员等行为。虽然这类案件层出不穷，但是对旅客的处罚尚不明确，所以很少有旅客知道通过过激行为处理延误情况时，自己是会受到法律的相应处罚的。

5. 完善航班延误赔偿制度

2004年中国民航局出台《航班延误经济补偿指导意见》，其中较为明确的条款有“航空公司应根据并尊重旅客本人的意愿和选择，通过现金、购票折扣和里程等方式予以兑现。为避免进一步延误影响后续航班和旅客，防止空勤人员疲劳驾驶形成飞行安全隐患，经济补偿一般不在机场现场进行”。但在实际情况下，一旦航班延误，有的旅客会联合起来闹事，很多民航公司为了缩小负面新闻对公司形象的不良影响，大多会选择现金赔偿。因此，完善航班赔偿制度已经是刻不容缓，否则靠钱解决问题，会让旅客认为闹一闹就可以要到赔偿，这让民航公司处于很被动的位置，而航班延误的原因是多种多样的，不能总是由民航公司为此买单。

然而，出台统一的航班延误赔偿标准似乎对于各个航空公司来说是不可能完成的任务，因为各家公司有自己的市场定位和评判标准，最好的方法就是将这个评判标准转移到第三方，即保险公司。2008年，航空信用卡可以免费为高端旅客提供航班延误主险。虽然这是国内首次出现航班延误主险，但是这一发展方向，为保险公司开拓这个市场奠定了基础。航班延误后旅客需要承担的风险是可保险种，保险公司在这个方面有更加专业的数据和技术优势，因此对于保险公司来说，这是一个发展方向。然而，现有航班延误附加险更为航班延误主险奠定了市场基础，让旅客更容易了解这个险种。一方面，航空公司应与保险公司进一步商讨合作方式，在适应航班延误的特险种的情况下，向旅客宣传，让旅客自主购买，跟旅客行李保险一样，如果旅客的行李在运输过程中破损或遗失，都有保险公司承保。另一方面，民航公司可以在自己的官方网站或者售票处销售航班延误保险，这样旅客就可以根据自己的需求决定是否购买保险。

二、旅客突发疾病及其处理

一般来说，发生紧急情况时，除了机上的民航服务人员外，通常还会询问、请求机上的医务人员协助，甚至会改变已定的飞行目的地而去就近机场以抢救病人的生命。虽然飞机上会配备急救箱，但是国家对机上的急救箱的配备仍然没有统一的标准。

当遇到旅客突发疾病的紧急情况时，民航服务人员在专业的医务人员赶来之前，只能提供必要而又基本的紧急救治，而切忌随意地判断旅客的病情，更不能进行预先的治疗。采用急救常识是提供急救工作中的重要部分。其主要措施有以下几个方面。

1）评估伤势时，让旅客保持舒适安静。

2）不要让其他旅客围观病人。

3）千万不要忽视旅客对有关疾病和伤痛的抱怨。

4）除非有绝对的必要，否则不要移动病人，并且让病人保持对他/她病情或伤害最小的状态。

5）提供急救时，应考虑机舱内特定形式下有限而特定的空间。

6）不得进行皮下注射。

7）只有在告诉旅客并得到示意或默认后，才能给以口服药。

8）提供急救时，应该要及时观察病人的生命体征。

9）不要当着旅客的面讨论其病情，通常有些类似失去意识的人是能够听得见外部的声音的。此外，也不要在不必了解的人能听到的情况下讨论病人的病情，如其他旅客或新闻媒介代表。

10）如果旅客自称医生，应该要求查看其证件并确定他是哪一科的医生。

11）直到医生或合格的代表到来后，才可离开病人。

12）通知并让机长了解情况。

13）完成相应的行政步骤和文件。

（一）对昏迷旅客的急救

昏迷是指意识完全丧失，是严重的意识障碍，是高级神经活动的高度抑制状态。颅内病变和代谢性脑病是常见的两大类病因。

1. 昏迷的分类

昏迷根据程度，分为浅昏迷、中度昏迷、深度昏迷和过度昏迷。浅昏迷，即对强烈痛刺激有反应，基本生理反应存在，生命体征正常；中度昏迷，即对痛刺激的反应消失，生理反应存在，生命体征正常；深度昏迷，即除生命体征存在外，其他生命体征消失；过度昏迷，即脑死亡。

昏迷与嗜睡、意识混沌、昏睡及木僵等是有区别的。昏迷时常有生命体征的急剧变化。多种生理参数（心肺功能、体温、脑电图、肾功能及各种生理反射等）的监测是必不可少的。首要的是针对病因积极治疗，预防并发症，保护心、肺、肾及中枢神经系统的功能。

2. 昏迷的急救

如果有病人的家属在场，通过他们了解病人的病史，常常就可以大致推断出发生昏迷的原因。但是在更多的情况下，可能很难在现场就明晰病人的病因。其实，此时去追究是什么原因导致的昏迷并没有多大的意义。因为昏迷总是疾病或伤情严重的表现，是生命垂危的征象。因此，在现场一旦发现昏迷病人，都应该立即进行急救，其原则如下。

1）保持呼吸道畅通，吸氧、呼吸兴奋剂的应用，必要时切开气管或插管，进行人工辅助通气（呼吸）。

2）维持有效血循环，给予强心、升压药物，纠正休克。

3）颅内高压者给予降颅内压药物，如 20%甘露醇、呋塞米、甘油等，必要时进行侧脑室穿刺引流等。

4）预防或抗感染治疗。

5）控制高血压及过高体温。

6）止抽搐用安定、巴比妥等。

7）纠正水、电解质紊乱，补充营养。

8）给予脑代谢促进剂，如 ATP、辅酶 A、胞磷胆碱、脑活素等。

9）给予促醒药物，如醒脑静、安宫牛黄丸等。

10）注意口腔、呼吸道、泌尿道及皮肤护理。

11）向机长报告，尽快与地面联系，争取尽早送医院救治。

（二）对分娩旅客的急救

1. 机上流产

流产（俗称小产）容易发生在怀孕后的前三个月。当然，在胎儿脱离母体之前的任何时候都有可能发生流产。

（1）症状和体征

腰部和腹部间歇性地疼痛，并伴有阴道出血。出血量可大可小，如果大量出血，还会导致休克。

（2）机上流产的处置

1）让孕妇在铺有塑料布的垫子上躺好，并准备大量的热水和经过消毒的、吸水性好的垫布或脱脂棉及卫生纸。

2）检查脉搏及呼吸，以确定是否有休克特征。

3）可以使用一些止痛剂，如对乙酰氨基酚片等。

4）用垫子将下肢垫高，以防发生休克。

5）胎儿及其他妊娠物必须收集并保存于塑料袋容器里，以备医生或助产士检查，防止部分妊娠物未排出而出现大出血。

6）报告机长。因为不完全性流产会导致大量出血，可能发生休克，从而威胁旅客生命，此时需要送医院进行抢救。

2. 机上分娩

在飞行途中常常发生孕妇意外分娩，这可能是她们弄错了预产期或者隐瞒了预产期的结果。此时不必惊慌，要牢记的是分娩不是疾病，而是正常的生理现象，事实上，绝大多数的婴儿是自然降生的，是不需要任何干预的。所以，对飞机上发生的孕妇意外分娩事件，民航服务人员所要做的是让分娩顺其自然。

（1）分娩前的准备工作

1）接生用具（品）的准备：热水和多个干净的盆；大量棉棒和吸水性好的卫生纸；装废弃物的污物桶；剪刀一把（必备）；25 厘米左右长的绳子 3 根（必备）；塑料床单 1 张。

2）婴儿用品的准备：毯子一条，用来包裹婴儿；消毒纱布一块，用来敷包打结剪断的脐带残端。

3）民航服务人员的准备：确定参加助产的乘务员，凡是感冒或是手与其他部位感染者均不得参加助产；剪去过长的指甲，并且用肥皂彻底清洗手和前臂；将洗净的手在空气中晾干（有消毒手套最好），双手洗干净后，不要再触摸未经消毒的东西，以便接触产道和婴儿。

（2）分娩的处置

分娩通常包括以下三个阶段。

1）第一阶段：子宫颈全开。对于生第一胎的产妇来说，第一阶段可能需要 12 个小时以上，但也有较短的情况；对于非第一胎的产妇来说，第一阶段可能只需要 1～2 个小时或者更短的时间。

主要表现：腰部和腹部有规律地疼痛，这预示着分娩的开始；腹部痉挛似的疼痛，其频率逐渐加快，强度逐渐增强；阴道出血，有时可能只有几滴，说明胎膜已破。

处置步骤：

① 选择一个合适的地方，以便能用帘子与舱内其他乘客隔开。

② 让产妇平躺，下面垫一张塑料床单，让产妇头肩靠在枕头上，双膝抬起，脱光下身。

③ 将软布垫在产妇臀下，并且给她上半身盖上毛毯保暖。

④ 保持舱内的安静，并安慰产妇。

2）第二阶段：胎儿出生阶段。胎儿在该阶段经过骨盆从阴道产出。对于生第一胎的产妇来说，此阶段大约需要 1 个小时；而对于非第一胎的产妇来说，需要的时间就要短得多。

主要表现：腹痛的频率加快，每隔 2～3 分钟就要疼痛一次；腹痛的程度加重；每次腹痛的时间延长，并伴有一种越来越强的胎儿要生下来的感觉。会阴开始肿胀，在每次收缩时，都可以看到阴道内胎儿的头皮，预示即将分娩。

处置步骤：

① 当胎儿的头部出现在阴道口时，要将他托住，并且在以后产妇每次收缩时都要将他托住，因为只有通过反复的收缩才能将婴儿挤出产道，其间他还会收缩回去。为了避免将胎儿头弄脏，可用干净的纱布将产妇的肛门盖住，并且在头部缩回去之前，将肛门上的脏物擦干净。

② 在两次收缩之间，告诉产妇停止向下使劲，并张嘴做深呼吸。等下次收缩来临时再继续用劲。当胎儿的头出来时，要稳住胎儿，不要让胎儿出来得太快。

③ 当胎儿的头转向一侧时，还应该继续托住胎儿，并且把头放低，直到胎儿肩膀最上部出现在产道口时，再抬高头，使下肩出来。

④ 当胎儿身体出来时，将其托出产道。

⑤ 将新生儿放在产妇的两腿之间，因为这时新生儿仍有脐带与母体相连。用卫生纸将新生儿的口腔清理干净，等待第一声啼哭。如果新生儿没有啼哭或者没有呼吸，应立即做呼吸循环的复苏。

⑥ 用毯子将新生儿包好，放在一边。

3）第三阶段：胎盘和脐带排除阶段。

主要表现：胎盘从子宫壁分离；分娩后 10～30 分钟，产妇仍有轻微的收缩感觉和腹部疼痛。

胎盘的处置步骤：

① 产妇继续躺着，两腿像分娩时那样分开，一旦她感觉胎盘即将出来时，令其使劲。此时，不能用拖拽脐带的方法来帮助胎盘剥离。

② 将胎盘和与之相连的胎膜装入塑料袋，留着让医生和助产士检查。

③ 将产妇身体擦干净，垫上干净的卫生巾，嘱咐其休息。

脐带的处置步骤：

① 胎盘与新生儿通过脐带连在一起，在分娩后约 10 分钟，脐带停止搏动。这时，用两条准备好的线绳在离婴儿腹部 15 厘米、20 厘米两处紧紧扎住。

② 用消毒剪刀在结扎的脐带中间剪断，注意不要太靠近结头。

③ 用消毒纱布敷包脐带残端。

④ 10 分钟后观察脐带残端是否有出血，并用剩下的线绳将离婴儿腹部 10 厘米处的脐

带残端结扎。

⑤ 如果有消毒纱布，就将脐带用消毒纱布敷包好，否则，脐带就会暴露在空气中。

（三）对猝死旅客的急救

在飞机上这种特殊环境条件下，民航服务人员因为有过心肺复苏术的训练和一定的操作实践，使他们在遇到机上乘客猝死的紧急情况下知道应该怎么做。目前，民航服务人员在机上所能采用的复苏措施主要是心肺复苏术。

1. 心肺复苏术的症状

民航服务人员一旦发现机上旅客有以下情况出现，应该立即做心肺复苏术。

（1）意识丧失

高空缺氧、肺泡氧张力减低等都有可能引起意识丧失。如果饮用了大量的酒精或服用了大量的镇静催眠药所产生的意识丧失，则对大声呼喊或用力摇晃等强烈刺激产生反应，且大量饮酒后其呼出的气体中会有强烈的酒味。

（2）呼吸停止

呼吸停止是指患者没有正常的呼吸。实践中，应该将患者的头后仰、下颌抬起使其呼吸道通畅后，再通过看、听和感觉来判断。此时，抢救人员的耳朵贴近患者的嘴部，用耳朵去听或感受其呼吸；脸朝着患者的胸部，观察其胸部有无呼吸运动。尽管患者在大脑停止供血后受到刺激时仍然会产生异常的喘息或呼吸，但已不足以维持其生命，仍应判断为呼吸停止。

（3）脉搏消失

救护人员迅速检查患者离自己最近一侧颈动脉有无搏动，检查应持续5～10秒，以避免忽略了那些既慢且不规则、或弱或快的脉搏。

2. 心肺复苏术的步骤

随着心肺复苏术在社会上的广泛推广，许多突然心肺停止或濒临停止的人，只要在场人员研习过心肺复苏术，适时地加以处置则可以大大地提高其存活的机会。心肺复苏术的基本动作如下。

（1）预备动作

对于任何突然晕倒、晕厥的人员，急救开始的第一个动作是用轻拍肩膀、轻拍脸颊或轻摇患者等来刺激患者以评估反应度。

（2）打开气道

打开气道一般采取仰额抬颌法：以一手压下额头使额头面部倾斜向上。另一手以食指及中指合并，放在下颌中线下方，轻抬起下颌。

（3）进行人工呼吸

打开气道后，通过看、听和感觉分别评估患者胸部的起伏、呼吸的声音及呼吸的气息。如果没有呼吸，就用人工呼吸，方式为维持气道通畅姿势，一手捏鼻，另一手抬起下颌，口部张开，用嘴将患者口部周围完全密封，缓缓在 1～2 秒轻吹两口气到患者口内，吹气的力道及气量应该是足以使患者胸部轻度扩张，但是不需要扩张太大。

（4）循环

一旦查核无呼吸，立即开始做胸部按压：身体立于患者的胸部左侧，两手打直，左右手相迭，十指互扣，压在胸骨下缘，胸骨剑突的上方，两乳头连线之下，以垂直方向的力量每分钟压 100 次（大于 8 岁）或至少 100 次（小于 8 岁），按压的深度约为胸部直径的 1/3；按压时要有节奏，以 2 段式轻数或默念“一，下”“二，下”……前一段向下压，后一段放松，但是放松时手掌的根部切不可偏离胸膛皮肤，要继续维持手掌根部和胸部皮肤的接触。

胸部按压必须连续 2 分钟，才能再查核气道，查核呼吸，进行另一周期（约 2 分钟）的心肺复苏；压胸通气次数比为 30∶2。

（5）自动电击器的使用

自动电击器不仅是为医护人员设计的，一般非专业人员受过适当训练可以立即使用，操作简单。把自动电击器的电极贴片分别粘贴在患者的胸骨右上缘和心尖的位置，打开仪器开关，荧幕上呈现心电图显示，并且自动做心电图分析，如果“电击”灯亮起，就表示患者需要电击的状况，立刻按下电击按键。

若实施自动电击，电击后应该立即施行压胸通气 2 分钟后再由自动电击器分析心律。

（6）排除气道内异物

对于用手掐紧喉咙部位而呈用力呼吸、声音沙哑并且几乎不能发声的患者，要高度怀疑是气道内异物阻塞引起的梗喉现象，就采取排除异物的动作。

1）对神志仍然清醒的患者，用“哈姆立克法”来排除异物：施救者立于患者身后，以双手环绕患者腰部，左手握拳，拇指面贴到腹部肚脐上方；右手掌贴于左拳上握紧，连续间断性地突然向上向后施力于患者腹部。

2）对神志已经不清的患者，可以用胸部推压法，类似心肺复苏术连续挤压胸部 5 次。

3. 心肺复苏术有效的标志

1）颈动脉能摸到搏动。

2）口唇及皮肤颜色转为红润。

3）已散大的瞳孔开始缩小。

4）出现自主呼吸迹象或恢复自主呼吸。

4. 机上心肺复苏术的注意事项

1）向机长报告有一心脏停搏的患者正在进行心肺复苏，机长综合考虑后决定飞机是改变航向着陆还是继续飞行。

2）取来氧气瓶并与氧气面罩相连，如果患者呼吸，就用它来供氧。另外，氧气管也可以放入进行口对口人工呼吸者的嘴内（不是患者），使吹出的气体氧含量较高。

3）取出飞机上的医疗箱。

4）请求飞机上任何医生的帮助。

5）宣布机上的旅客发生了意外需要抢救，要求所有旅客留在各自的座位上。

6）如果抢救无效，心肺复苏术至少应该持续30分钟。

7）民航服务人员不能宣布某旅客已经死亡，因为这是医务人员的职责。

8）机上医生可以承担宣布停止做心肺复苏的责任。

9）在着陆过程中的心肺复苏，应遵循“急救人员绝对不应使其自身处于不利地位”的普遍准则，即进行心肺复苏的急救人员在飞机着陆时应该注意自身的安全，此时可以短时间内停止，但时间应该尽量短。

（四）对窒息旅客的急救

窒息是指各种原因引起的人体氧气供应受阻，导致人体组织、器官的缺氧。

1. 梗死窒息的原因

气管和食道都开口于咽喉部，通常由于有会厌的保护作用，吞咽食物时不会误入气管。但如果在进食时大笑、哭闹或讲话，常常伴有短时间大量吸气，食物就很容易被呛入气管。此外，处在意识障碍状态的人亦容易将假牙或呕吐物等吸入气管。

2. 梗死窒息的表现

有刺激性呛咳的症状；在清醒的状态下，患者不能说话和呼吸（与心脏病发作相区别）；有面色发青等明显的缺氧症状。

3. 梗死窒息的急救

如果患者意识清醒，可采取自救。其方法是自己一只手握紧拳头，将其放在上腹部，用另一只手将拳头握住，用力向下按压，如此反复，直至将异物排出；也可将上腹部对着椅背或台缘，然后使劲向下压，如此反复，直至将异物排出。如果患者有意识障碍，就只能采取互救了。其方法是使患者平躺，救治者双膝分开，跪在患者下腹部位置，双手交叉按在患者的上腹部，反复冲击挤压，使腹部产生向上冲击力，将梗阻异物排出。如果仍不能将异物排出，则不必考虑消毒问题，应当机立断用身边的刀具将患者甲状软骨下方的气管割破，使其解除窒息，然后送医院五官科救治。

三、不正常行李及其处理

不正常行李是比较常见的一种情形，主要包括行李损坏、晚到与丢失三种情况，主要是由于在转机过程中，航空公司有时会作业疏忽，出现行李迟运、错运、错卸、漏卸、错装等行为。还有一部分情形是由于在航班到达后，由于领取行李的旅客很多、托运行李箱类似等，一部分旅客很容易拿错行李。另外，还会有一些特殊情形导致行李不能随机到达。例如，行李牌在通过机械传送过程中脱落；航班因载量问题而被临时拉下；由于工作人员疏忽，将行李牌拴挂到其他航站；由于机场分拣或传输系统故障，行李错误装载到其他航班，行李被滞留在当地机场或机场海关库房，而难以核对查找等。事实上，大多数行李最终将会在被找到后送还旅客。

（一）不正常行李时旅客的心理

选择民航出行，要么是为了商务，要么是为了走亲访友或者是旅游，大多是怀着愉悦的心情，然而，搭乘航班的路途遥远，程序复杂，尤其是行李还会经受不同的人和机器拣选，难免会受到磕磕碰碰。当旅客看到自己的东西受到损坏时，难免会难受、生气。他们急切想要找到责任人，想要知道行李损坏的相关赔偿措施。

如果没有额外的特殊要求，旅客一般是期待一下飞机就能把自己托运的行李带走。但是，航班起飞、飞行和着陆对天气的要求很多，当航班受到机场跑道风向、风速、气温等的影响，为了达到适合安全起飞时的业载重量，航班在起飞时会不得不临时决定减掉旅客托运的行李，而导致行李晚到。这时，旅客会因为这一突发事件而着急，想要尽快知道自己行李抵达机场的具体时间，并想了解相关的补偿措施。

由于旅客托运的行李箱大同小异，在行李认领时误领了别人的行李箱，或自己的行李箱被别人有意或者无意地误领了，便导致了行李丢失情况的出现。此时旅客最着急的是找回自己的行李，继续自己的旅程，同时心里也充满了对民航服务的不满和不信任。

（二）不正常行李时民航服务人员的处理

民航服务人员应该清楚有关行李损坏、丢失的赔偿制度。1971 年的《蒙特利尔公约》已经对这种情况做了规定：每名旅客以 1000 特别提款权（1 特别提款权约合人民币 10.6912 元）为限，只要提供购买行李箱的发票，航空公司将遵照公约以行李每使用一年扣除折旧率 15%的方式计算。而我国最早实行的是 1996 年出台的《中国民用航空旅客、行李国内运输规则》规定，旅客的托运行李全部或部分损坏、丢失，赔偿金额每公斤不超过人民币 50 元。在 2006 年曾对赔偿金额作了调整，出台了《国内航空运输承运人赔偿责任限额规定》，该规定明确：对每名旅客随身携带物品的赔偿责任限额为人民币 3000 元，对旅客托运的行李和对运输的货物的赔偿责任限额，为每公斤人民币 100 元。

当遇到旅客因行李受到损坏而生气、着急时，民航服务人员应该主动上前询问具体的情况，认真倾听旅客的陈述，以避免旅客的情绪更加恶化，并且要热心带领旅客到行李查询柜台确定行李箱的损坏程度和赔偿事宜。当遇到旅客的行李晚到时，应该指导旅客填写“不正常行李事故登记表”，内容包括旅客姓名、行李信息、地址、联系方式等，也可以让旅客留下电子邮箱，方便后续有消息时联系旅客；根据行李号牌、登机牌、证件、对装机记录查询行李的方位。当确认行李的方位和消息后，应立即告知旅客行李的情况。例如，由哪个后续航班何时由何地抵达机场等消息，如果因为行李在某个站点掉牌，而导致无法在行李系统中根据行李号牌查询到信息时，民航服务人员应向旅客询问、登记行李箱颜色、形状、材质、特征等信息，以提高行李查询的匹配率。当收到行李时，民航服务人员应及时联系旅客确认地址。如果旅客的住所为机场所在市区，则发送快递；如果旅客的住所在其他的城市，则需要利用航班转运至当地机场；如果通过查询仍未得到丢失行李的信息，则需要及时将此案转入最终赔偿部门，以进行后续的相关赔偿的处理。

四、处理民航旅客投诉

（一）旅客投诉概述

投诉在英语中的表达为 complaint，该词语又可以翻译为抱怨，源于拉丁语 cumplangere，表示寻找缺陷。日本学者中村卯一郎认为：消费者投诉行为是指由于认知不满的情感或者情绪所引起的反应。投诉行为是消费者对商品或者服务品质不满的一种具体表现。

旅客投诉分为广义的投诉和狭义的投诉。广义的投诉包含抱怨和投诉（狭义）两个部分，是指顾客任何不满意的表示，无论正确与否，同时也是一种不满意的表达，它针对一个组织相关的产品或投诉处理过程而发生，顾客明确或隐含地期待组织给予回复或解决。狭义的投诉是指旅客对民航公司所提供的服务表示不满意，并提出了较为显性的处理要求，目的在于使民航公司采取对应的处理措施。一般通过面谈、信函、电话、来访、传真等形式进行。

民用航空公司作为一个企业，是以营利为目的的，它的运营性质是通过为旅客提供相应的位移服务来获得收益的。而在开放的市场竞争下，旅客有充分的自由选择其倾向的航空公司，这就对民用航空公司提出了更多的要求，它必须充分了解旅客的需求，并改善自身的运行条件和服务策略，来满足旅客的不同需求，才能获得旅客的信任和忠诚，进而提高民用航空公司的效益和顾客的满意度。但是当旅客对民用航空公司提供的服务不满意并进行投诉时，这将对民航产生不良的影响，这就需要民航服务人员依据事实及旅客的心理高效地处理投诉。

（二）旅客投诉的原因

中国民航局通报的 2016 年 1～8 月消费者投诉情况如下：国内消费者对国内航空公司的投诉共 4080 件，其中 1 月投诉 401 件，2 月投诉 266 件，3 月投诉 523 件，4 月投诉 518 件，5 月投诉 642 件，6 月投诉 700 件，7 月投诉 652 件，8 月投诉 378 件。具体来说，航班问题共 1795 件，占 44.00%；预订、票务、登机共 738 件，占 18.09%，退款共 634 件，占 15.54%；行李共 359 件，占 8.80%；旅客服务共 270 件，占 6.62%；剩余的其他投诉共 284 件，占 6.96%。2016 年 1～8 月旅客投诉统计如表 5-1 所示。

表 5-1　2016 年 1～8 月旅客投诉统计

投诉类型	具体原因	1月	2月	3月	4月	5月	6月	7月	8月	小计	比例/%
航班问题	取消	119	48	89	101	157	159	111	90	874	
	延误	55	45	78	89	109	163	141	73	753	
	时刻变更	7	3	2	2	4	8	8	3	37	
	更换航空器	6	1	1	2	0	2		1	13	
	改变目的地	2	3	1	3	11	10	13	3	46	
	改变始发地	1	0	0	0	0	0			1	
	错失衔接	1	3	6	10	4	5	8	6	43	
	信息不满意	1	3	3	0	1	5	9	2	24	
	其他	0	1	2	0	0	0	1		4	
	小计	192	107	182	207	286	352	291	178	1795	44.00
预订、票务、登机	拒绝乘客登机	18	13	25	31	34	32	19	15	187	
	售票、预订错误	16	15	59	38	28	31	44	20	251	
	拒绝出售机票	7	3	6	14	12	7	6	3	58	
	信息不满意	7	8	13	12	11	13	11	5	80	

续表

投诉类型	具体原因	1月	2月	3月	4月	5月	6月	7月	8月	小计	比例/%
预订、票务、登机	错误取消	6	0	3	6	4	5	7	1	32	
	未收到机票	2	0	0	1	3				6	
	未能成功签转	2	4	4	3	8	9	5	5	40	
	无预订记录	1	4	2	1	1	2	3	5	19	
	计算机订票系统时间代号	1	0	0	0	0				1	
	无法联络	0	1	1	1	0				3	
	其他	4	3	6	12	11	6	7	12	61	
	小计	64	51	119	119	112	105	102	66	738	18.09
退款	不适当的退款	20	9	24	23	39	40	34	20	209	
	推迟提供退款	15	13	25	13	23	19	32	11	151	
退款	拒绝提供退款	11	11	21	26	23	23	23	8	146	
	拒绝提供退款：提供的机票/旅行支票不能接受	4	1	0	0	0	2	1	2	10	
	信息不满意	4	1	4	6	8	4	9		36	
	拒绝提供退款：提供不适当的机票/旅行支票	1	1	1	2	1			3	9	
	其他	7	1	18	5	9	11	5	8	64	
	小计	62	37	96	75	103	99	104	58	634	15.54
行李	行李延误	11	9	9	0	19	22	17	13	100	
	行李破损	6	4	13		6	9	12	4	54	
	多收费	3	4	3		4	5	4		23	
	信息不满意	2	1	5		0	3	2	3	16	
	行李、内物破损/丢失	8	11	11		11	12	17	9	79	
	内物被盗	1	1	1		3	0		1	7	
	收费标准过高	1	2	1		2	3		2	11	
	其他	2	1	4		7	3	2	6	25	
	小计	34	33	47	43	52	57	54	39	359	8.80
旅客服务		22	18	35	47	37	47	49	15	270	6.62
综合（含常旅客）		9	5	17	7	23	17	19	7	104	
票价		6	5	15	5	14	9	9	3	66	
短信欺诈		4	2	2	2	3	1	6	5	25	
信用		3	0	0	0	0	0			3	
超售		2	5	8	13	8	9	15	7	67	

续表

投诉类型	具体原因	1月	2月	3月	4月	5月	6月	7月	8月	小计	比例/%
广告		2	1	0	0	3	1			7	
残疾旅客		1	1	1	0	1	1	1		6	
动物：丢失、受伤、死亡		0	1	1	0	0	1			3	
歧视（非残疾人）							1	1		2	
旅行和包机								1		1	
合计		401	266	523	518	642	700	652	378	4080	

通过梳理中国民航局2016年1～8月通报的消费者投诉情况，不难发现：消费者的投诉主要发生在航空取消和延误的情况下，其次发生在退款、预订和售票错误的情况下。我们不仅可以根据消费者投诉的类型寻找到解决投诉问题的方法，还可以通过分析旅客的投诉心理来寻求解决问题的方法。

（三）旅客投诉的心理

对民航公司和民航服务人员来说，了解旅客的投诉心理、妥善处理旅客的投诉至关重要。首先能发现工作中的疏漏和不足。民航公司理应向旅客提供优质的服务，但是难免会由于设备设施故障，个别民航服务人员技能或态度差等自身原因被旅客投诉。投诉固然反映了旅客对民航公司的不满。但是也反映了民航服务人员在工作上的不足，民航公司应该将投诉看成了解服务和管理不足的机会，有针对性地采取改进措施。其次能提高企业的美誉度。妥善地处理旅客投诉，会改善公众对民航公司的印象，认为企业是认真贯彻“顾客是上帝”的服务宗旨，从而加深旅客对该公司的感情，增强旅客的忠诚度。最后能避免企业发生危机。旅客的投诉，往往有一个从小到大，从息事宁人到忍无可忍的发展过程。民航公司对投诉的态度和处理方法可以从中起减缓发展的作用。如果对投诉不重视，有的投诉者就会扩大事态，私下行动或外部攻击，首当其冲就是民航公司。下面具体从三个方面分析旅客投诉的心理需求。

1. 求尊重的心理

从购买机票到安全准时抵达目的地机场之间的这段时间，旅客对自己的“上帝”角色的认知是十分清楚的，求尊重的心理需要也十分明显。人类有40%的人有受尊重的需要，除了表现在自己得到重视和赏识之外，还包括取得自信和支配地位，人们选择民航飞机作为出行工具，是由很多种动机引起的，但是都是希望能在整个过程中受到别人的尊重，尤其是民航服务人员的尊重。因此，当旅客认为自己没有受到重视或者尊重时，就有可能采取投诉行为。在求尊重心理的趋势下，旅客希望民航服务人员能够顺着自己，认为自己的投诉永远是对的和有道理的，认为自己这样做是应该的、合理的，渴望得到同情、尊重，希望当时的民航服务人员当面向他表示道歉并且立即采取相应的行动。

2. 求宣泄的心理

美国心理学家亚当斯提出了著名的挫折理论，他认为挫折是指人类个体在从事有目的的活动过程中，指向目标的行为受到障碍或干扰，致使其动机不能实现，需要无法满足时所产生的情绪状态。面对挫折时，根据不同人的心理特点主要有两大类的行为表现：一是采取积极进取态度，即采取减轻挫折和满足需要的积极适应态度；二是采取消极态度，甚至是对抗态度，诸如攻击、冷漠、幻想、退化、忧虑、固执和妥协等。所以当旅客受到挫折后，有的人就会采取一系列行为来发泄其不满，最主要的一个渠道就是投诉。旅客投诉者总是认为自己的理由充分，因此在投诉时往往会情绪激动、满腔怒火，他们会利用投诉的机会把自己的烦恼、怒气和怨气发泄出来，把意识深层的挫折感和郁闷的心情一扫而空，使其不平静的心情逐渐平静下来，同时也有利于弄清事情的缘由，以维持其心理上的平衡。

3. 求赔偿的心理

旅客认为自己花费了高额的费用，就应该获得至高的待遇，民航服务人员应该处处为自己着想，他们的服务必须是要和宣传一致的，否则旅客就会选择投诉。旅客可能就会因为飞机晚点、航班取消、服务不周到、卫生不清洁、行李损坏、行李丢失等原因而直接向民航公司索赔，更有甚者会诉诸新闻媒介，采取法律上的诉求要求赔偿，弥补损失，取得新的心理平衡。

（四）旅客投诉的处理

要树立正确的观念：来投诉的旅客比不来投诉的旅客要好，投诉的旅客是相信民航公司能够处理好这些事情，相信公司的能力。

1. 冷静受理，弄清真相

旅客投诉时，总是觉得自己理由充分，心中往往充满了怒火，一般情绪激动、言语粗鲁、态度不好、举止无礼。民航服务人员不要计较投诉者口气轻重和意见的合理性，而是要保持冷静的态度，微笑服务，不要与旅客产生争辩，要热情友好，给投诉者留下美好的第一印象，并使旅客认为自己受到了尊重。对于一些不合理的投诉，民航服务人员也应该做到有礼有节，集中精力倾听对方的意见，让投诉者“降温”，自由发泄他们受压抑的情绪，并慢慢恢复到理智的状态。另外，接待投诉的办公室应该设在环境安静幽雅的非办公场所，投诉者在这里可以获得受尊重的感受，私下的交谈更容易使旅客内心趋于平静。

2. 倾听抱怨，诚恳道歉

旅客向民航服务人员投诉，民航服务人员应该要设身处地为他们着想，对投诉者的抱怨要表示理解，不应该对旅客的投诉抱着“大事化小，小事化了”的态度，而是要用适当的话语给投诉者以安慰。例如，使用诸如“这件事发生在你身上，我感到十分抱歉”的语言诚恳地向旅客道歉。民航服务人员的言语会影响旅客的心理和行为。在旅客投诉中，遇到旅客诘难时，如果不同意旅客的意见或者不能满足旅客的要求时，也不要急于否定，人都喜欢听顺耳的话，所以要投其所好，先坚持自己的原则，再加以解释。美国推销培训专家汤姆·霍普金斯告诫推销人员：“绝不要同顾客争论，如果发生争论，推销员多半会在争论中获胜，但是会失去做生意的机会。”也就是说，你在逻辑斗争中获得了胜利，但是会失去利益。另外，在交谈的过程中，注意要用尊称和姓名来称呼投诉者，在感情和心理上与投诉者保持一致。民航服务人员要以自己一系列的实际行动和带有同理心的话语，使旅客感受到民航公司是尊重和同情旅客的，是站在投诉者的立场上真心实意地处理投诉的。从而把旅客愤怒、不满的情绪逐渐转化为感谢的心情，这是解决旅客投诉最积极的有效办法。

3. 分析问题，果断解决

民航服务人员在听取投诉的过程中，要把投诉的要点记录下来，这样不但可以使旅客讲话的速度放慢，缓和旅客愤怒、不满的情绪，还可以使旅客感受到民航服务人员对他反映的问题是重视的。以此为依据，区别不同的情况，做出恰当的处理。

首先，对一些看来明显是民航服务工作的过错，是自己能够解决的问题，应该立即向投诉者赔礼致歉并迅速回复投诉者处理意见，并在征得旅客同意后做出补偿性的处理。其次，对一些较为复杂的问题，在弄清楚真相之前，不可以轻率地向投诉者做出不切实际的许诺，这是解决问题关键的一环。如果所采取的行动与对投诉者许诺的不一致，那么民航公司将会面临两个新问题：一是原先投诉的旅客会选择再次提出投诉；二是旅客对民航服务人员工作的低效率表示失望。因此，民航服务人员在处理投诉时，应当有礼有节，在旅客同意的基础上处理。最后，对待一时不能处理的事情，要注意让旅客知道事情的进展情况，以示对旅客的重视。

课后训练

针对以下案例，进行分析。

（1）方某 2009 年 3 月 4 日购票，2010 年 3 月 14 日方某向售票处提出退票，该客票已超过一年有效期，售票处可以不予退票。

问题：民航公司的做法对吗？

（2）2010 年 10 月 22 日，旅客一行七人欲乘某次航班由西安前往上海，在咸阳机场办理登机牌时突然被告知因航空公司客票超售，其中一人不能登机，其中一位旅客只能被迫改乘其他航班。旅客投诉后，该公司表示补偿旅客 200 元。旅客认为补偿金额过低。

问题：民航公司做出的赔偿合理吗？

（3）王先生购买了某航空公司无锡到北京的机票，到达登机口后才被告知因天气原因导致航班延误，当时飞机还没有从北京起飞，何时起飞无法确定，不愿意等的可以退票。王先生随即取出行李，立即打车到无锡火车站，无奈当日去北京的动车车票已经售完，只能改为第二天行程。王先生投诉，认为机场明知飞机不能按时起飞，仍然照常办理安检等手续，旅客失去了第一时间更换交通工具的时机，侵害旅客的知情权。

问题：民航公司的做法是否侵害旅客的知情权？

（4）2010 年 7 月 18 日，因航班延误大量旅客滞留咸阳机场，长时间得不到妥善安排，旅客纷纷打电话投诉。经调查，该航班晚点近 8 个小时，航空公司对此未及时与旅客沟通，也没有及时安排旅客入住酒店休息，引起旅客不满和情绪激动。

问题：民航公司应该怎么做才能及时安抚旅客的不满？

（5）魏女士于 2009 年 3 月 10 日乘坐某航空公司航班从上海飞往潍坊，由于该公司飞机出现机械故障，延误长达 4 个小时。旅客要求按照《民航总局对国内航空公司因自身原因造成航班延误给予旅客经济补偿的指导意见》给予适当补偿，但被该公司拒绝。该航空公司给出理由：民航总局的指导意见没有强制约束力，航空公司可以酌情处理，并且当日公司也为该航班延误采取了补救措施，为魏女士积极提供了食宿服务等，故拒绝补偿。

问题：民航公司的做法是否不符合民航总局的指导意见？

第六章 民航服务人员的情绪与情商

学习目标

1. 学会了解自己的情绪。
2. 学会在民航服务中控制改善自己的情绪。
3. 学会了解自己的情商。
4. 学会在民航服务中提升自己的情商。

学习内容

1. 情绪管理。
2. 情商管理。

素质要求

1. 知识：航空服务人员所需要的素养和能力。
2. 能力：语言的表达能力，情感的感染力，问题的分析能力，团队合作能力。
3. 素养：亲和，热情，冷静，自信，果断，责任心，爱心，耐心，坚持，细心。

测评方式

情绪测验、情商测试题。

第一节 情绪的概念、作用和类型

情绪（emotion）这个词对每个人来说都是非常熟悉的词。即使不是每时每刻，情绪每天也会出现在每个人的日常生活里。我们赖以生存的世界就是一个充满情绪的世界。在航空服务过程中，最核心的服务是以优质的服务感动我们的旅客，最困难的服务应该是安抚旅客的不满情绪。民航服务的直接工作对象就是旅客的情绪。此外，在日常工作中，我们每一个人也都随时会体验到自己的情绪。这些情绪有可能会提高我们的工作积极性，如开心、高兴、爱等，从而提高我们的工作绩效；也有可能会削减我们的工作积极性，增加出错率和失误率，如悲伤、愤怒等。总之，情绪是人类生命与众不同之处，对每一个人的生活和工作产生着巨大的影响。

一、情绪的概念

什么是情绪？历史上有很多人试图对情绪进行定义，然而因为这些人身处不同领域，有哲学、社会学、医学及心理学等，因此对于情绪的研究的视角并不一样，这就导致要想给情绪下一个精确的定义非常难。尽管如此，绝大多数人对于情绪的大致内容还是普遍能达成一致的。

简单地讲，我们可以将情绪定义为人体所出现的一整套反应系统，这套反应系统至少包含三个部分：①生理唤醒；②主观情绪状态；③外部表现。

生理唤醒是指情绪或者情感产生的生理反应。生理唤醒涉及人的神经系统，如中枢神经系统的脑干、丘脑、杏仁核、前额皮层、松果体，以及外周神经系统和内分泌腺、外分泌腺等。生理唤醒的结果是出现某种程度的生理活动的激活，并且生理反应会根据不同的情绪而出现相应模式。例如，愤怒时，人的生理唤醒可能是心跳加速、血压升高、呼吸节奏发生改变等；愉悦时，则可能是心率正常、血压稳定等。需要注意的是，情绪的某些生理唤醒并不受我们主观意识的操控。例如，当受到惊吓时，我们的生理反应往往是自主发生的。

主观情绪状态则是指人们对不同情绪的主观体验和自我感受。每种情绪的主观体验是不一样的，而这种主观体验决定了每种情绪的性质。

外部表现通常包括与情绪相对应的表情、肢体动作、行为等。例如，恐惧的情绪，面部表情可能是皱眉头、眼睛瞪大；肢体动作可能是双手捂住脸，双腿颤抖；行为有可能是逃离让人感到恐惧的情景。

二、情绪的作用

在职场中，我们经常听到“不要把你的情绪带到工作中”这样的劝告。因此情绪很多时候被人们认为是没什么用处的，尤其是负面消极情绪，更是不受欢迎的。这样的态度，其实是可以理解的。毕竟没有人喜欢自己在生活或者工作中让自己处于情绪低落的状态，也没有人喜欢自己在工作中处于焦虑不安的状态。此外，按照日常生活经验，人们也不太喜欢和情绪化的同事共事，因为情绪化意味着不讲道理、缺乏逻辑、不够理性，或者缺乏原则性等。作为民航服务人员，有不少人不喜欢甚至是害怕为不讲道理的旅客提供服务。所以，理性似乎更受到普

晕轮效应

遍性的欢迎。然而，从心理学的角度说，情绪也是有作用的。

1. 适应作用

情绪是有机体适应生存和发展的一种重要方式。情绪能够帮助我们适应环境，指引我们识别环境信号，并及时做出有针对性的调整。心理学家艾森克曾经说过："很明显，迅速觉察到早期的危险警报信号具有重大的生存价值……焦虑的重要目的或功能很可能会在有潜在危险的环境中促进对危险或威胁的觉察。"大量的研究表明，焦虑程度较高的个体明显比其他人更主动地注意到危险信号。这使他们更容易远离那些危险或者潜在的危险境地。

2. 动机作用

情绪是动机的源泉之一，是动机系统的一个基本组成部分。情绪驱动人们做出行动，要么是摆脱这种情绪，要么是强化和维持这种情绪。当我们感到恐惧时，会试图逃离；当我们从事某种工作而感到愉悦时，会继续朝着既定目标和方向前进。

3. 组织作用

情绪能够组织人的其他心理活动，即情绪可以瓦解或者是促进我们其他的心理活动进程。一般来说，适当的情绪可以提高人的活动效率，使我们的身心处于最佳状态，进而推动人们有效地完成工作任务；不良的情绪则会瓦解、破坏或是阻断我们的活动。

例如，有研究表明不同唤醒程度的情绪能够导致不同效果的工作绩效。对于负面情绪来讲，痛苦、恐惧的强度对于工作绩效的影响是直线相关的，情绪越痛苦、越恐惧，工作效果就越差。而愤怒情绪则不一样，中等程度的愤怒与不满有可能带来较好的工作表现。

另外，情绪还会影响到人们的记忆力。人在良好的情绪状态下，更容易回想起那些带有愉快体验的记忆片段。这就是为什么民航服务人员在面对旅客不满时，首先要安抚旅客情绪的原因。在不满的情绪状态下，旅客会回想起更多的不满经历。

4. 信号作用

情绪还具有沟通交流的作用。首先，情绪会表现为面部表情。人类具有面部表情解读能力。例如，当你开心时，不用说话，其他人直接通过观察表情就能了解。在许多人际沟通环节中，表情等非语言信息是非常重要的沟通方式。

三、情绪的类型

人类到底有多少种情绪？这个问题看似简单，实难回答。之所以如此，是因为情绪的构成是复杂的，既有生理唤醒，又有主观体验，还有外部表现，这三者各自有着自己的方向和特征，这就使人类的情绪体验很难简化成有限的几个类型。从古至今，人们一直总结情绪种类，并试图为每种情绪命名。以中文为例，早期的《礼记》，就提到情绪分为七种：喜、怒、哀、惧、爱、恶、欲。东汉时期，班固《白虎通义》提到情绪分为六种：喜、怒、哀、乐、爱和恶。现代汉语字典中与情绪有关的词汇不计其数。所以，要对人类情绪有所了解，就需要对情绪进行划分。

1. 根据情绪的复杂性划分

根据情绪的复杂性划分，情绪可以分为基本情绪和复合情绪。

（1）基本情绪

基本情绪是指人与动物所共有的，它们是对环境的先天性反应，与生俱来。每一种基本情绪都对应着独特的生理机制、主观体验及外部表现。复合情绪则是基本情绪相互组合不断派生而来的。

人类的基本情绪并不多。美国心理学家艾克曼通过表情研究，认为人们通过肉眼可以观察到的情绪表情有六种：高兴、惊讶、愤怒、悲伤、恐惧及厌恶。研究已经发现，这六种情绪表情具有文化共通性，即这六种表情被不同文化背景的观看者观看时，其情绪含义的解读都是一样的。我们常说微笑是全世界共通的语言，这一观点在情绪心理学的研究中已经得到证实。大多数的人，无论其文化背景、国籍、肤色、年龄、性别等差异有多大，他们高兴时候的表情都是类似的，他们对人类笑容表情的解读也是类似的。当然，属于全世界共同语言的并不仅仅只有微笑而已，惊讶、愤怒、悲伤、恐惧、厌恶这些情绪同样是世界共同的语言。在对旅客服务工作中，这可以帮助我们更好地解读旅客的情绪感受。

（2）复合情绪

复合情绪是指不同基本情绪相互组合而形成的。简单地说，复合情绪并不是单一的情绪体验，某种特定的复合情绪是由多种基本情绪合成而来。所以，复合情绪也是不计其数的。有一些复合情绪，比较容易命名，如把愤怒—厌恶—轻蔑组合而成的情绪命名为敌意；但有些复合情绪，则很难准确地命名。这意味着人类的情绪远比我们所想象的更复杂。在实际工作与生活中，我们也经常体验到无法描述的情绪和情感。

2. 根据情绪的强度、持续时间划分

根据情绪的强度、持续时间，情绪可以分为心境和激情。

（1）心境

心境是指一种比较微弱并在一段时间内持续存在的情绪状态。心境具有弥漫性，不指向某个具体对象，而是以同样的态度体验对待一切事物。类似于心情。心境对人的生活、工作、

学习和身体有很大影响。心情好的时候，人会觉得世界都在对自己微笑；心情低落的时候，那自然是“感时花溅泪，恨别鸟惊心”。

心境的持续时间可长可短，有些心境可能只会持续几个小时，有的心境则可能持续几天，几周，数月乃至更长。具体要依赖于个体本身性格特征、引起心境的客观刺激来分析。

（2）激情

激情是一种强烈的、爆发性的、持续时间不长的情绪状态。激情通常是由对个人而言某些重大事件所引起的。激情状态往往伴随着生理变化和明显的外部行为变化，人能够意识到自己的激情状态，也能够有意识地调节和控制它。激情可以是正性的，如狂喜；也可以是负性的，如悲痛、绝望、惊恐等。在激情状态下，特别是负性激情状态下，人的心理功能会受到影响，我们的意识范围可能会缩小，理智思维能力会受到削弱。因此，我们应尽量避免激情所带来的影响。

通过情绪稳定性测验，测试自己的情绪处于什么状态。

情绪稳定性测试

说明：情绪稳定一般被认为心理成熟的标志之一。情绪稳定，主要是指一个人可以积极地调节、控制自己的情绪，在短时间内没有大起大落的变化，不会时而心发怒放，转瞬又愁眉苦脸。情绪稳定性的影响因素有很多。情绪不稳定不一定就意味着心态幼稚，但情绪的相对稳定性能够有助于我们更好地生活和工作。

请填写符合实际情况的答案。

1．我有能力克服各种困难（　　）。

A．是的　　B．不一定　　C．不是的

2．猛兽即使是关在铁笼里，我见了也会惴惴不安（　　）。

A．是的　　B．不一定　　C．不是的

3．如果我能在一个新环境中，我要（　　）。

A．把生活安排得和从前不一样

B．不确定

C．和从前相仿

4．一生中，我一直觉得我能达到所预期的目标（　　）。

A．是的　　B．不一定　　C．不是的

5．我在小学时敬佩的老师，到现在仍令我敬佩（　　）。

A．是的　　B．不一定　　C．不是的

6. 不知为什么，有些人总是回避我或漠视我（　　）。

A. 是的　　B. 不一定　　C. 不是的

7. 我虽善意待人，却常常得不到好报（　　）。

A. 是的　　B. 不一定　　C. 不是的

8. 在大街上，我常常避开我所不愿意打招呼的人（　　）。

A. 极少如此　　B. 偶然如此　　C. 有时如此

9. 当我聚精会神地欣赏音乐时，如果有人在旁高谈阔论（　　）。

A. 我仍能专心听音乐　　B. 介于A、C之间　　C. 不能专心并感到恼怒

10. 我不论到什么地方，都能清楚地辨别方向（　　）。

A. 是的　　B. 不一定　　C. 不是的

11. 我热爱所学专业和所从事的工作（　　）。

A. 是的　　B. 不一定　　C. 不是的

12. 生动的梦境，常常干扰我的睡眠（　　）。

A. 经常如此　　B. 偶然如此　　C. 从不如此

13. 季节气候的变化一般不影响我的情绪（　　）。

A. 是的　　B. 介于A、C之间　　C. 不是的

计分方法：根据计分表，查明每题的得分，并求出总分。选A得2分，选B得1分，选C得0分。

计分表

题号＼得分	A	B	C
1			
2			
3			
4			
5			
6			
7			
8			
9			
10			
11			
12			
13			
总分			

分析：

1）0～12 分：情绪激动。情绪激动，容易产生烦恼。通常不容易应对生活中遇到的各种阻挠和挫折。容易受环境支配而心神动摇。不能面对现实，常常急躁不安，身心疲乏，甚至失眠等。要注意控制和调节自己的心境，使自己的情绪保持稳定。

2）13～16 分：情绪基本稳定。情绪有变化，但不大，能沉着应对现实中出现的一般性问题。然而在大事面前，有时会急躁不安，不免受环境支配。

3）17～26 分：情绪稳定。情绪稳定，性格成熟，能面对现实。通常能以沉着的态度应对现实中出现的各种问题。行动充满魅力，能振作勇气，有维护团结的精神。有时，也可能由于不能彻底解决生活的一些难题而强自宽解。

这项测试及其测试结果仅供参考，如果有进一步的问题，请寻求专业人士做进一步了解。

第二节　情绪管理

在旅客服务工作中，良好的情绪管理策略与方法能够帮助民航服务人员更稳定地为旅客提供高质量的服务。

一、情绪管理的误区

很多时候人们对情绪管理的理解有误区，在这里我们来试着澄清一些常见的观念误区。

1. 情绪是不好的

事实上情绪不存在好坏之分。情绪确实存在正面情绪和负面情绪的分别。正面情绪当然主要是指快乐、愉悦等情绪，负面情绪如愤怒、恐惧、焦虑、悲伤、无助感、羞耻感、罪恶感等。但这并不意味着正面情绪就是好的，负面情绪就是不好的。这种理解情绪的方式太过于简单。事实上，情绪只是一种状态，不同情绪代表了不同的状态。负面情绪的出现，只是在提醒我们的生活或者工作的某部分出现问题了，需要我们进行处理了。例如，当你在工作中频繁对旅客提出的正常服务要求而感到愤怒、焦躁，那么这些情绪也许是在警示你可能处于过度枯竭的状态，需要做出调整。情绪能够给我们指引方向，带给我们力量，或者指导我们的方向。因为对职业存在骄傲感，所以民航服务人员才会努力地提供细致贴心的服务。因此任何情绪的出现，对于本人来讲都是有意义的，有价值的。

2. 情绪管理就是让自己不生气

情绪管理的目标并不是让人不生气，或者说并不是让人强行压制那些负面情绪。现实生活中，人们往往有一个评判：情绪是非理性的，而非理性是错误的。所以这可能导致了很多人的误解，情绪管理就是学会强行压制愤怒。许多人不断以此为目标，他们以为这样就能够让自己更有修养。但实际上，情绪心理学的研究表明这样的观点是不正确的。强行压制负面情绪不但不利于情绪管理，反而还有可能会导致心理疾病，甚至损害身体健康。

长期否认、压制负面情绪，会使人渐渐失去感受情绪的能力，这意味着他们也会因此渐渐丧失感受愉悦情绪的能力，这就是我们俗称的“麻木”。麻木会影响人们的幸福感，破坏亲密关系及人际关系，以及削减职场表现。除此之外，还会给身体带来损害。

此外，强行压制怒火或者负面情绪，基本上是不可能的。很多人确实可以从面部表情上做到“喜怒不形于色”，然而情绪的许多生理反应并不受大脑主观控制。因此这些人尽管感到愤怒但不形于色，可实际上在他们身体层面，如心脏活动、自主神经系统活动、血液循环活动等依然会表现出愤怒的生理反应。只是作为旁观者或者当事人并没有觉察罢了。

二、情绪管理的方法

1. 觉察情绪

有效情绪管理的第一步就是觉察情绪，发觉自己此时此刻的情绪。你可以随时问自己“此时此刻我的情绪是什么”，来觉察自己的情绪。例如，当旅客因为航班延误而对你冷眉冷眼时，你可以问问自己：“此刻我的情绪是什么？”也许是焦虑，也许是愤怒，也许是恐惧，也许是其他的或者是混合的情绪，但只有你能认清自己的情绪时，才有机会去掌控这些情绪，才不会被这些愤怒、焦虑、恐惧所控制。

觉察情绪时，有可能遇到的情况是由于对情绪不够了解，或者是不熟悉，使许多人无法明确辨识出情绪感受。例如，当乘务长批评乘务员工作没做好时，我们去问乘务员“你被批评后的心情怎样？”经常听到的一种回答就是“不爽”这一类很模糊的表述。至于“不爽”背后到底指的是什么，他可能也回答不出。此时你可以试着追问“是什么让你不爽？”“这种不爽是不开心、愤怒、委屈、羞耻、害怕？”“如果是害怕，那是觉得担心、害怕、惊吓还是恐惧呢？”……通过一步步追问，不清晰的情绪就会逐渐浮现出来。

2. 情绪的认知管理

人为何会有情绪？为何会生气、愤怒、难过、悲伤等？被旅客投诉了的民航服务人员为什么会心情低落？这些问题看似平常，但心理学一直没有停止过对情绪的研究。情绪管理非常重要的一环就是弄清楚情绪的由来。例如，为什么朋友欺骗了你，你会愤怒？为什么求职应聘失败了你会失落？

通常人们认为情绪的产生和当时的情境或者事件有关系。例如，因为你骂我，所以我生气；因为被旅客表扬了，所以我开心；因为航班延误了，所以感到愤怒等。从日常生活经验来讲，情况确实是这样。但是心理学大量研究表明，这样的理解未免太简单了。从 20 世纪 50 年代开始，有一种旨在调节情绪的心理学理论发展起来，这就是 ABC 理论。

A 是指诱发出情绪的事件（activating event）。C 是指由诱发事件所引发出的情绪和行为后果（consequence）。例如，A（诱发事件）导致了 C（后果），被人骂了、被旅客表扬了、航班延误了这些都属于 A（诱发事件），而生气、开心、愤怒则是由诱发事件所引出来的 C（后果）。然而 ABC 理论告诉我们，诱发事件和后果并不存在必然的联系，因为起决定性作用的是人们对于事件所持有的信念 B（belief）。信念指的是人们对诱发事件的评价、解释及看法等。而正是 B（信念）决定了 C（后果）。结论：事物的本身并不影响人，人们只受对事物看法的影响。ABC 理论图如图 6-1 所示。

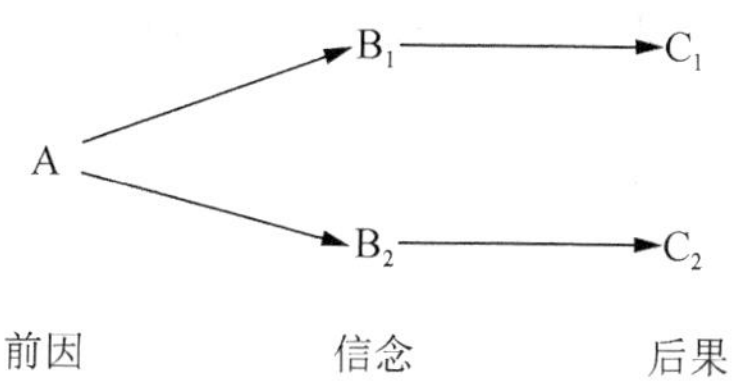

图 6-1 ABC 理论

这个理论似乎可以帮助我们解释一个现象：为什么经历同样的一件事情，但每个人的反应并不完全一样？同样是驾照考试没通过，有的人会伤心难受，有的人则显得大大咧咧。其差异的原因就是两个人对此次考试（A）的看法（B）不一样。有人认为这次考试很重要，如果失败就意味着自己开不了车（B_1），于是感到难过（C_1）。而有的人认为这次考试虽然没通过，但自己下次还可以考试（B_2），因此他们可能也就会对此次考试失败显得无所谓（C_2）。所以，正是因为对同一事件的看法不同，导致了人们的反应不一。

因此，情绪管理的一项重要技巧就是利用 ABC 理论来改变我们的对事件的认知评价方式，从而调节我们的情绪反应。具体地说，人们的信念系统（B）容易出现非理性观念。

1）容易绝对化或者教条化。通常我们喜欢站在自己的意愿为出发点，认为某事件一定要按照我们所设想的方式发生或不发生。常常表现为将“愿望”“希望”等观念绝对化为“必须”“应该”“不得不”“一定要”等。例如，“你必须尊重我”“我应该要升职的”“我一定要买”等。怀有这种信念的人很容易会陷入情绪问题中。因为事件发生，往往有着其客观规律，个人的意志的影响有时是有限的。对于某个人来说，他不可能在每一件事上都获得成功，他周围的人或事物的表现及发展也不会依他的意愿来改变。因此，当某些事物的发展与其对事物的绝对化要求相悖时，他就会感到难以接受和适应，从而极易陷入情绪困扰之中。

2）过分概括化。这是一种以偏概全、以一概十的非理性表现。过分概括化常常把“有时”“某些”转换为“总是”“所有”等，如把偶尔的失误转换成为“为什么倒霉的总是我”。这就如同仅凭一张照片就断定一个人是好是坏。以偏概全的危害在于会使人无视或者忽略事件其他部分，对自己或是他人显得过于严厉，从而进一步导致不良情绪的产生。要纠正以偏概全，就应该认识到“人无完人”，每个人都有犯错误的可能性。

3）糟糕至极。这种观念认为如果一件不好的事情发生，那将是非常可怕和糟糕。例如，“我没考上空姐，一切都完了”“我没当上大学，人生不会有前途了。”这种想法是非理性的，因为对任何一件事情来说，都会有比之更坏的情况发生。同样的，也没有任何一件事情是百分之一百糟透了的。当一个人顺着糟糕至极的信念思考下去，很容易会陷入极端的负面情绪中。有时，还很容易走入极端。在许多自杀研究之中，那些自杀或是尝试自杀的人，在此之前或多或少存在着糟糕至极的非理性思维。

因此，调节情绪就意味着改变我们的非理性思维（B）。要想实现这一切，就要学会思考事件（A）是如何引起特定反应（C）的。

3. 情绪宣泄

利用语言或行为在较短的时间内，将可能危害健康的、过度的情绪抒发出来，使自己的精神得到有益的调整，以达到防病、健身的目的，所采用的方法就是宣泄。宣泄是一种有效地对情绪或者压力进行释放的方式。在情绪宣泄的时候，需要注意到两点：①不要损害或伤害他人或自己；②找到适合自己的方式宣泄情绪最重要。

许多人容易把宣泄情绪和乱发脾气混淆起来。其实两者是有重要区别的。宣泄情绪是为了更好地生活与工作，健康地疏通自己的情绪，其结果是建设性的。而乱发脾气的重点是“乱发”脾气。因此其结果是破坏性的，不但无助于情绪宣泄，而且可能有损健康与人际关系。

宣泄的方式有很多，语言宣泄如找人倾诉、唱歌、呼喊等；行为进行宣泄如跑步、快走、拳击、书写、哭泣、听音乐等。不管是什么方式的宣泄，找到适合自己的是最重要的。有些情绪宣泄的方式可能别人很管用，但未必对你有效。以下介绍几种宣泄方法。

1）倾诉法。向家人、朋友倾诉，一吐为快。把心中的不快、郁闷、愤怒、困惑等消极情绪，倾诉出来。

2）转移注意力法。当自己不开心时，把不开心的感觉转移到别的事物上。例如，工作不开心时，可以转移话题或者做一些别的事情，如唱歌、下棋等。

3）呼吸调节法：当自己觉得不开心时，闭上眼睛，深吸气，然后把气慢慢呼出来；再深吸气……如此持续几个循环。你会发现自己呼吸变得平稳，整个人也平静下来了。

4）欣赏音乐、散步或运动等。事实证明适当的运动不但可以强身健体，而且能够释放压力，化解不良情绪对身体及心灵所产生的影响。例如，有研究发现，适量的有氧运动会刺激大脑多巴胺的分泌，多巴胺是一种和愉悦体验有关系的神经递质，所以适量的有氧运动确实能够让人感觉到更加愉悦。

第三节 情 商

情商（emotional intelligence quotient，EQ），又称为情绪智商。这一概念借用了心理学里“智力商数（智商）”的表述，进而发展出来的一种指向人类情绪智力的概念。

一、情商的由来

早期的情商研究并不称为情商。1966 年，德国人巴布娜·伦娜（Barbara Leuner）在《儿童心理学与儿童精神病学》的德文杂志上发表了一篇《情感智力与解放》的论文，认为近百年来妇女为追求解放，日益妨碍了首要的家庭职责与儿童的情感智力的发展。妇女要达到真正的解放，必须把妇女的双重角色，即天性的母爱与社会经济地位的提高结合起来。在这篇文章中，虽然情绪智力与我们今天所提到的情绪智力在内涵上有很大差异，但确实是首次提到情绪智力的问题。从此人们开始了一系列有关情绪智力的研究。许多研究也表明了情绪智力对于人类来讲是重要的。

在中国，人们最初熟悉情商这一概念是由于美国心理学博士丹尼尔·戈尔曼（Daniel Goleman）出版了一本通俗读物，将情绪智力的某些研究介绍给大众。这本书原书名是 *Emotional Intelligence*，如果直接翻译成中文是《情绪智力》。然而在确定书名的时候，却将这本书的名字翻译为《情商》。此书出版之后大受欢迎，于是“情商”这个概念就被大众所接受了。在进一步学习情商之前，我们需要知道情商不是一个十分严谨的概念，或者不是一个十分严谨的翻译。“商”是心理学研究里的一种数据处理方式。简单地理解“商”这个概念，商数指的是将某一个人的某种特质在整个群体之内的排位情况进行数据化理解。例如，智商 IQ 是指一个人通过智力测验得到的结果在全人类的排位情况。而目前的情况是由于各种原因，情商研究一直未能找到有效的方式来统一测量情绪分数，也就不能把这个分数转换成为“商”。所以情商并不符合心理学“商数”的标准，它只是一种还处于初级阶段的表述。尽管情商这条术语表述并不严谨，但这个概念已经街知巷闻了。所以为了表述和初步学习的方便，我们还是继续使用情商这个表述。

二、情商的含义

什么是情商？不同的学者对此有不同的理解。早期的研究者，沙洛维和梅耶在 1990 年提出情绪智力是“个体监控自己及他人的情绪和情感，并通过情绪的调节控制，以提高发展和生存的质量与能力。”随后他们再次修改了情绪智力的定义：“精确的知觉、评估和表达情绪的能力；接近或产生促进思维的情感能力；理解情绪和情绪知识的能力；调节情绪促进情绪和智力发展的能力”。戈尔曼认为情商是反映一个人感受、理解、运用、表达、控制和调节自身情感，处理人际关系中情感关系的能力。

不同学者在不同领域给出不同的定义，至今仍找不到大家比较公认的情商定义。尽管比较困难，但我们可以试着把情商定义为一个人控制与调节自身情绪的能力，掌控双方交流过程中情绪干扰沟通效果的能力，面对挫折的忍耐和调节能力，是一个人情绪水平高低的衡量尺度。

三、情商的内容

通过前面的阐述，情商大致可以分为以下五个方面的内容。

1. 自我情绪的了解能力

自我情绪的了解能力也称为对自己的“感知力”，即认知自己，是指能够对觉察或者意识到自己此刻正在发生的心理活动及情感。自我情感的觉察能力是情绪管理和情商成长的基础。如果一个人无法注意自身的真实感受，那么就只能受自身情绪的操控。通常，对自身情绪有很强识别能力的人，对生活与工作有更强的控制能力。他们能够很清楚地意识到个人感受。

需要注意的是，一个人意识到情绪感受与采取行动去改变这些感受，是两件不同的事情。但是在生活与工作中，经常把这两者混为一谈。例如，觉得自己不开心了，就应该做点什么让自己开心起来。觉察情绪并不一定意味着要采取行动来努力避免或者逃离这种情绪。觉察情绪的重点在于认识和理解此时此刻的情绪。这样的觉察会给人一种更强大的掌控感，并给人更多种选择来调节这样的情绪。

通常人们处理情绪的方式很多。一般来说可以分为以下几种类型。

1）自我意识。在情绪发生的时候意识到情绪。这种人通常有较强的处理自身情绪的能力。他们会比较乐观，不容易长期陷入负面情绪之中。

2）吞没。这种人通常会让情绪控制自己。他们经常会被情绪吞没，没办法逃离。由于他们无法意识到自己的真实情绪，所以无法有效地摆脱。更有甚者，他们可能会经常出现压抑和情绪失控。

3）接受。这类人会试图接受自己的情绪。然而，存在着两种不同的情况：有一类人是经常会心情好，他们接受自己的情绪，而不会做出改变，是因为他们知道这样的负面情绪很快就会过去；另一类人则是容易情绪不好，所以他们尽管知道自己情绪不好，但也不想去改变，而是放任自流。心理学研究中发现，绝望的抑郁症患者经常表现出这种状况。

2. 情绪管理能力

情绪管理能力是指恰当处理自己情绪的能力。面对焦虑，能够有效摆脱；面对冲动和愤怒，能够有效控制；面对紧急状况能够处变不惊；面对挫折与困难时，能够百折不挠，保持冷静。情绪管理能力是建立在自我情绪觉察能力基础之上的，是情商的重要内容。显然情绪管理能力差的人，会经常受到负面情绪的印象而难以自拔；而那些情绪管理能力很强的人，则可以更优质地享受生活与工作。

3. 自我激励能力

自我激励能力是为达到某个既定目标而调动自己，自我组织和自我控制的能力。它是情商的重要内容，也是一个人成功的基础。在情商的研究中，戈尔曼提到人的成功要素里，智商只占 20%，而情商则占了 80%。由此可见情商的重要性。自我激励包含两方面的意思：通过自我鞭策保持对学习和工作的高度热忱，这是一切成就的动力；通过自我约束以克制冲动和延迟满足，这是获得任何成就的保证。如果一个人能够全神贯注地从事工作，一定会更加高效和高产。

4. 识别他人情绪的能力

识别他人情绪是指在以对情绪的自我觉察能力的基础上所形成的一种了解、疏导与调节别人情绪的能力。这就是同理心。能否设身处地理解他人的情绪，这是了解他人需求和关怀他人的先决条件。

作为民航服务人员，能够识别旅客的情绪对于服务成败就显得尤为重要。识别他人情绪的能力是后天慢慢训练出来的。研究表明，如果民航服务人员能够站在旅客视角来看待旅客的困境，就越容易理解和识别旅客的情绪。在服务工作中，我们已经知道为旅客提供愉悦感受和安抚情绪是经常要完成的工作。

5. 人际交往能力

在航空服务工作中，人际交往能力是民航服务人员必需的一种生存与发展的能力。美国心理学家曾经发现，那些高智商的工作人员里，有的人能够很快地掌握工作，胜任工作，并能够优质地完成任务，成果斐然；然而有的人却始终碌碌无为。他们通过研究后发现，那些成绩斐然的工作人员往往都是交友广泛、人际关系良好的人。而碌碌无为的员工通常不是这样。因此人际交往能力在事业成功有着重要作用。

国际标准情商测试

说明：可口可乐公司、金拱门公司、诺基亚公司等世界500强的众多企业曾以此测试题作为员工EQ测试的模板，以帮助员工了解自己的EQ状况。本测试题共33题，测试时间为25分钟，EQ最高为174分。

第1～9题：请从每一个问题中，选择一个和自己最切合的答案。

1．我有能力克服各种困难（　　）。

A．是的　　B．不一定　　C．不是的

2．如果我能到一个新的环境，我要把生活安排得（　　）。

A．和从前相仿　　B．不一定　　C．和从前不一样

3．一生中，我觉得自己能达到我所预想的目标（　　）。

A．是的　　B．不一定　　C．不是的

4．不知为什么，有些人总是回避或漠视我（　　）。

A．是的　　B．不一定　　C．不是的

5．在大街上，我常常避开我不愿打招呼的人（　　）。

A．从未如此　　B．偶然如此　　C．有时如此

6．当我集中精力工作时，假没有人在旁边高谈阔论（　　）。

A．我仍能用心工作　　B．介于A、C之间　　C．我不能专心且感到愤怒

7．我不论到什么地方，都能清晰地辨别方向（　　）。

A．是的　　B．不一定　　C．不是的

8．我热爱所学的专业和所从事的工作（　　）。

A．是的　　B．不一定　　C．不是的

9．气候的变化不会影响我的情绪（　　）。

A．是的　　B．介于A、C之间　　C．不是的

第10～16题：请如实选答下列问题，将答案填入括号中。

10．我从不因流言蜚语而气愤（　　）。

A．是的　　B．介于A、C之间　　C．不是的

11．我善于控制自己的面部表情（　　）。

A．是的　　B．不太确定　　C．不是的

12．在就寝时，我常常（　　）。

A．极易入睡　　B．介于A、C之间　　C．不易入睡

13．有人侵扰我时，我（　　）。

A．不露声色　　B．介于A、C之间　　C．大声抗议，以泄己愤

14．在和人争辩或工作出现失误后，我常常感到震颤，精疲力竭，而不能继续安心工作（　　）。

A．不是的　　B．介于A、C之间　　C．是的

15．我常常被一些无谓的小事困扰（　　）。

A．不是的　　B．介于A、C之间　　C．是的

16．我宁愿住在僻静的郊区，也不愿住在嘈杂的市区（　　）。

A．不是的　　B．不太确定　　C．是的

第17～25题：在下面问题中，每题请选择一个和自己最切合的答案。

17．我被朋友、同事起过绰号、讥讽过（　　）。

A．从来没有　　B．偶尔有过　　C．这是常有的事

18．有一种食物使我吃后呕吐（　　）。

A．没有　　B．记不清　　C．有

19．除去看见的世界外，我的心中没有另外的世界（　　）。

A．没有　　B．记不清　　C．有

20．我会想到若干年后有什么使自己极为不安的事（　　）。

A．从来没有想过　　B．偶尔想到过　　C．经常想到

21．我常常觉得自己的家庭对自己不好，但是我又确切地知道他们对我好（　　）。

A．否　　B．说不清楚　　C．是

22．每天我一回家就马上把门关上（　　）。

A．否　　B．说不清楚　　C．是

23．我坐在小房间里把门关上，但我仍觉得心里不安（　　）。

A．否　　B．偶尔是　　C．是

24．当一件事需要我做出决定时，我常觉得很难（　　）。

A．否　　B．偶尔是　　C．是

25．我常常用抛硬币、翻纸、抽签之类的游戏来猜测凶吉（　　）。

A．否　　B．偶尔是　　C．是

第 26～29 题：请按实际情况如实回答，仅须回答“是”或“否”即可，在选择的答案处打“√”。

26．为了工作我早出晚归，早晨起床我常常感到疲劳不堪。

是（　　）否（　　）

27．在某种心境下我会因为困惑陷入空想将工作搁置下来。

是（　　）否（　　）

28．我的神经脆弱，稍有刺激就会使我战栗。

是（　　）否（　　）

29．睡梦中我常常被噩梦惊醒。

是（　　）否（　　）

第 30～33 题：本组测试共 4 题，每题有 5 种答案，请选择与自己最切合的答案，在选择的答案下打“√”。答案标准如下：1．从不，2．几乎不，3．一半时间，4．大多数时间，5．总是。

30．工作中我愿意挑战艰巨的任务。 1 2 3 4 5

31．我常发现别人好的意愿。 1 2 3 4 5

32．能听取不同的意见，包括对自己的批评。 1 2 3 4 5

33．我时常勉励自己，对未来充满希望。 1 2 3 4 5

计分方法：按照记分标准，先算出各部分得分，最后将五部分得分相加，得到的即为最终得分。

第 1～9 题，每回答一个 A 得 6 分，回答一个 B 得 3 分，回答一个 C 得 0 分。计______分。

第 10～16 题，每回答一个 A 得 5 分，回答一个 B 得 2 分，回答一个 C 得 0 分。计______分。

第 17～25 题，每回答一个 A 得 5 分，回答一个 B 得 2 分，回答一个 C 得 0 分。计______分。

第 26～29 题，每回答一个“是”得 0 分，回答一个“否”得 5 分。计______分。

第 30～33 题，从左至右分数分别为 1 分、2 分、3 分、4 分、5 分。计______分。

总计为______分。

分析：

测试后如果你的得分在 90 分以下，说明你的 EQ 较低，你常常不能控制自己，你极易被自己的情绪所影响。很多时候，你容易被激怒、动火、发脾气，这是非常危险的信号——你的事业可能会毁于你的暴躁。对此最好的解决办法是能够给不好的东西一个好的解释，保持头脑冷静，使自己心情开朗。正如富兰克林所说：“任何人生机会都是有理的但很少有令人信服的理由。”

如果你的得分在 90～129 分，说明你的 EQ 一般，对于一件事，你不同时候的表现可能不一致，这与你的意识有关，你比前者更具有 EQ 意识，但这种意识不是时常都有，因此需要你多加注重、时时提醒。

如果你的得分在 130～149 分，说明你的 EQ 较高，你是一个快乐的人，不易恐惊担忧，对于工作热情投入、敢于负责，为人更是正义正直、同情关怀，这是你的长处，应该努力保持。

如果你的得分在 150 分以上，说明你是个 EQ 高手，你的情绪不但不是你事业的阻碍，反而是你事业有成的一个重要前提条件。

（资料来源：丹尼尔·戈尔曼，2010. 情商[M]. 杨春晓，译. 北京：中信出版社.）

课后训练

1. 练习

将 5～7 名学生为一组分为若干组，假设应聘航空公司服务人员，随机抽取一组学生进行自我介绍。结束后，随机抽取学生进行评价并解释原因。

2. 游戏

一条街上有五座房子，分别喷了五种颜色，每座房子住着不同国籍的人，每个人喝不同的饮料、抽不同品牌的烟、养不同的宠物。现已知：①英国人住红房子；②瑞典人养狗；③丹麦人喝茶；④绿房子在白房子左边；⑤绿房子主人喝咖啡；⑥抽 Pall Mall 香烟的人养鸟；⑦黄房子主人抽 Dunhill 香烟；⑧住中间房子的人喝牛奶；⑨挪威人住第一间房；⑩抽 Blends 香烟的人住在养猫人隔壁；⑪养马人住在抽 Dunhill 香烟的人隔壁；⑫抽 Blue Master 香烟的人喝啤酒；⑬德国人抽 Prince 香烟；⑭挪威人住在蓝房子隔壁；⑮抽 Blends 香烟的人有一个喝水的邻居。

请问：谁养鱼？

参考文献

李永，张澜，2006．民航服务心理学[M]．北京：中国民航出版社．

于海波，2007．民航服务心理学教程[M]．北京：中国民航出版社．

琇樱，2012．微表情读心术集[M]．北京：新世界出版社．

黄希庭，2010．心理学基础[M]．上海：华东师范大学出版社．

高宏，等，2007．空乘服务概论[M]．北京：旅游教育出版社．

刘墉，2009．说话的魅力：刘墉沟通秘笈[M]．北京：接力出版社．